Gudrun Pausewang

Adi

Gudrun Pausewang

Adi

Jugend eines Diktators

Ravensburger Buchverlag

Die Deutsche Bibliothek – CIP-Einheitsaufnahme

Pausewang, Gudrun:
Adi : Jugend eines Diktators / Gudrun Pausewang. –
Ravensburg : Ravensburger Buchverl., 1997 - 224 S. : Ill. ;
(Ravensburger junge Reihe)
ISBN 3-473-35179-2 Pb.
[Erscheint: 97.07.00]

Ravensburger Junge Reihe

Die Schreibweise entspricht den Regeln
der neuen Rechtschreibung.

3 2 1 99 98 97

Umschlaggestaltung – Ravensburger Buchverlag
Redaktion – Michael Kohlhammer
Gesamtherstellung – Ebner Ulm

Printed in Germany

Gedruckt auf Papier aus chlorfrei gebleichtem Zellstoff
ohne optische Aufheller.

ISBN 3-473-35179-2

Die Mutter:

Herrgott im Himmel,
vier Kinder hast du mir
genommen.
Laß mir den Adi,
ich bitte dich.
So ein schöner Junge.
So ein guter Junge.
Und so begabt...

Steyr, 11. Februar 1905. Wieder ein trüber Tag. Schmutziger Schnee lag an den Straßen- und Wegrändern. Die Eiszapfen schmolzen.

Der Junge hatte sich von den übrigen Klassenkameraden abgewandt und starrte das Zeugnis an, das in seiner Hand zitterte.

Er hatte diesmal so fest mit einem guten Zeugnis gerechnet. Mindestens aber mit einem Zeugnis ohne ein so gefährliches NICHT GENÜGEND in irgendeinem Fach. NICHT GENÜGEND – das war eine Fünf. Ganz im Inneren hatte er sogar auf ein Zeugnis ohne ein GENÜGEND gehofft. Denn mit einer Vier ließ sich ja auch nichts hermachen.

VORZÜGLICH, LOBENSWERT, BEFRIEDIGEND, GENÜGEND, NICHT GENÜGEND: eine Leiter hinunter in die Hölle oder hinauf in den Himmel, je nachdem, in welche Richtung man sie nahm.

Das Großgedruckte oben auf dem Blatt verschwamm ihm vor den Augen. Er wusste auch so, was da stand, denn es war bei allen Schülern das Gleiche: Realschule Steyr, Schuljahr 1904/1905, Halbjahreszeugnis.

Aber was *dann* folgte – darauf kam es an: der Name des Schülers und seine Noten, in der Handschrift des Lehrers. Diese unfähige Lehrerbande! Hätte sie auch seine Gedanken, seine Träume, seinen zukünftigen Ruhm benotet, dann hätte sein Zeugnis nur die Noten VORZÜGLICH und LOBENSWERT enthalten. Er hatte doch so viel nachgedacht. Nicht etwa über Kinderkram oder Weiber, sondern über Kunst. Und über das Vaterland. Und Richard Wagner. Und wie der Mensch leben soll und wofür. Er hatte so viele kühne Pläne geschmiedet!

Stattdessen *das:* drei Fünfer. In deutscher Sprache,

Mathematik und Stenografie. Und auch sonst, außer Freihandzeichnen und Turnen, nichts, womit man sich sehen lassen konnte.

Er schaute sich verstohlen um. Da standen sie herum, die anderen, strahlten oder runzelten die Stirnen, drängten sich zusammen, verglichen. Hier ein Jubelschrei, dort ein finsteres Grollen. Aber der dort, der grollte schon bei einer Drei. Mit einer Drei gingen bei dem schon die Lichter aus!

Drei Fünfer. Er spürte eine unbändige Lust, Scheiben einzuschlagen, zu brüllen, jemanden niederzuschlagen und zu treten. Lehrer. Ja, Lehrer! Dieses ganze verdammte Lehrerpack!

Dreimal NICHT GENÜGEND – die schlechteste Note, die es gab. Ein Zeugnis, das – glaubte man den Noten – einem hohlköpfigen Trottel zu gehören schien, der allenfalls trainierte Muskeln vorweisen konnte!

Er schnaubte empört durch die Nase: Sittliches Betragen – befriedigend! War er etwa betrunken durch die Stadt getorkelt? Hatte er Fensterscheiben eingeworfen? Beim Bäcker eine Semmel stibitzt? Sich mit Mädchen herumgetrieben?

Nichts dergleichen.

Natürlich, sein Fleiß war nicht immer so gewesen, wie ihn sich zum Beispiel der Mathematik- oder Chemielehrer wahrscheinlich gewünscht hätte. Er war oft ohne Hausaufgaben in den Unterricht gekommen, hatte nachmittags daheim nicht oder kaum geübt, hatte die Lektionen nicht gelernt.

Er nahm eben Mathematik, Chemie, Grammatik oder Religion nicht so wichtig, wie Lehrer das taten. Das war doch wohl sein gutes Recht – oder? Schließlich war er schon bald sechzehn!

Ein Jahr zu alt für seine Klasse. Einmal sitzen geblieben.

Er erinnerte sich nicht gern daran, dass er in Linz die erste Realschulklasse hatte zweimal durchlaufen müssen, wegen NICHT GENÜGEND in Mathematik und Naturwissenschaften. In der zweiten Klasse hatten seine Mathematikleistungen dem Lehrer wieder nicht genügt. Nur über eine Nachprüfung, die er bestand, war er in die dritte Klasse aufgenommen worden.

Aber am Ende des Schuljahres hatte er ein NICHT GENÜGEND in Französisch bekommen. Er hatte eben nur selten Vokabeln gelernt. Vokabeln lernen – was für eine öde Beschäftigung! Hatte man nicht Recht, wenn man sich ihr verweigerte? Es gab so viel Wichtigeres!

Wieder eine Nachprüfung. Der Prüfer hatte ihn bestehen lassen, allerdings unter der Bedingung, dass er auf eine andere Schule überwechselte.

Auf eine für ihn so entwürdigende Weise hatte sich die Linzer Schule also seiner entledigt, hatte ihn abgeschoben. Ihn, in dem doch so viele Talente schlummerten! Das würde denen noch einmal Leid tun!

Die nächstgelegene Realschule befand sich in Steyr, rund dreißig Kilometer von Linz entfernt. Hier hatte ihn die Mutter für das neue Schuljahr angemeldet, und hier hatte er nun eine halbes Schuljahr verbracht.

Es war eine angenehme Zeit gewesen, was die Schule betraf. Während der Linzer Schuljahre hatte die Mutter immer gedrängt: »Lern doch, Adi, mach deine Aufgaben. Was? Keine auf? Das gibt's doch nicht. Bitte, Adi, gib dir Mühe, damit du nicht schon wieder ein Jahr – ach Adi, ich mein's doch nur gut!«

Hier in seinem Steyrer Quartier bei der Familie Cichini hatte sich niemand um seine Hausaufgaben gekümmert. Er bekam genug zu essen, hatte eine warme Stube und ein

Bett, das alle vier Wochen frisch bezogen wurde. Mehr Service war im Preis nicht inbegriffen.

Über die Wochenenden fuhr er immer heim zur Mutter. Aber nach Möglichkeit unterließ er es, mit ihr über das leidige Thema Schule zu reden. Die Mutter war ja so glücklich, so selig, wenn er daheim war. Sie wusste, dass sie ihn mit Fragen nach seinem Fleiß und seinem Stand in der Schule verärgerte. Deshalb ging sie diesem Thema ebenfalls aus dem Weg.

Und sie hätte von ihm ja doch nur zu hören bekommen, dass alles in bester Ordnung sei und er von den Lehrern immer gelobt werde.

Er war ihr Liebling, ihr ganzer Stolz. Ja, gewiss, da war ja auch noch die Paula, die Kleine. Aber eine ernste Konkurrenz – sie? Oh nein. Sie war ja nur ein Mädchen und erst neun …

Ach ja, die Mutter. So eine Mutter gab's kein zweites Mal. Er lächelte, als er an sie dachte. Trotz allem lächelte er. Sie schimpfte nicht gern. Am liebsten lehnte sie ihren Kopf an seinen Kopf und fragte gar nichts.

Der Vater war ganz anders gewesen. Aber er lebte ja nicht mehr. Seit seinem Tod ließ sich das Leben leichter ertragen. Gegen schlechte Zeugnisse war er so allergisch gewesen! Er hatte sich nicht ablenken lassen, hatte gefragt und klare Antworten verlangt.

Was Adi jetzt schwarz auf weiß in den Händen hielt, ließ sich nicht verdrängen, ließ sich nicht schönreden. Wie sollte er damit umgehen? Die Lage war zu ernst, als dass man sie mit einem Armschlenker abtun konnte. Denn dieses Zeugnis bedeutete: Adis Leistungen mussten sich bis zum Schuljahresende wesentlich bessern. Sonst würde ihm die Chance einer Nachprüfung im Herbst, zum nächsten Schuljahresbeginn, nicht gewährt. Daran änderte auch nichts, dass Stenografie nur ein Wahlfach war. Zwei Fünfer in Pflichtfächern genügten, um sitzen zu bleiben.

Ein Mitschüler spähte über Adis Schulter: »Lass sehen – wie schaut's denn bei *dir* aus?«

Adi gab ihm einen groben Stoß und versteckte das Blatt hinter seinem Rücken: »Das geht dich einen Dreck an!«

Nein, so ein Zeugnis konnte er niemandem zeigen. Ein Glück, dass jetzt der Unterricht aus war. Er stürmte aus dem Schulgebäude. Mistschule! Scheißschule!

Draußen vor dem Eingang war schon fast die ganze Klasse versammelt.

»Kommst du mit, Adi?«

Eigentlich hatte er vorgehabt, schon am frühen Nachmittag heimzufahren nach Linz. Aber er konnte ja auch einen späteren Zug nehmen. Jedenfalls wollte er sich nicht ausschließen, wenn die anderen das Ende des Halbjahrs feierten. Und überhaupt: So ein Zeugnis musste man erst einmal verdauen. Hierfür war ein Marsch durch die frische Luft gerade das Richtige.

Adi brauchte nicht zu fragen: »Wohin geht's denn?« Er wusste, dass seine Klassenkameraden eine Bauernwirtschaft im Auge hatten, in sicherem Abstand von der Stadt. Der Wirt hielt dicht.

Lärmend zogen sie in Richtung Garsten los. Adi faltete sein Zeugnis zusammen und steckte es in die Jackentasche. Dann lärmte er mit, gestikulierte, klopfte Sprüche.

Nur nicht daran denken.

Die Schar war schon von weitem zu hören. Krähenschwärme flatterten auf, alle Hunde des Dorfes, das die ausgelassene Bande ansteuerte, gerieten außer sich. Und dann fielen die Burschen in das Wirtshaus mit Gebrüll und überdrehter Laune: »Bier her!«

Wirt und Wirtin waren zu Diensten und taten, als sähen sie nicht, dass ihre Gäste noch halbe Kinder waren. Nur zu, nur immer getrunken! Die Kasse klingelte.

Adi hatte kaum je ein Bier getrunken. Höchstens einen kleinen Schluck, den er aus dem Seidel seines Vaters hatte schlürfen dürfen. Eigentlich schmeckte ihm das Gesöff gar nicht. Aber es gehörte wohl zum Erwachsenwerden. Und so bestellte auch er ein Bier.

Er wurde schweigsam, lehnte sich zurück, alles drehte sich um ihn. An das, was danach geschah, konnte er sich nur schemenhaft erinnern: Im Lauf des Spätnachmittags und Abends hatte er noch ein zweites, vermutlich sogar ein drittes Bier getrunken. Aufgenötigt von anderen, die schon mehr Alkohol vertrugen. Einmal hatte er versucht, die Wirtschaft so aufrecht, wie ihm noch möglich war, zu verlassen. Offensichtlich war er daran gehindert worden. Jedenfalls hatte er dort dann doch die Nacht verbracht. In der Wirtsstube? In einem Strohhaufen im Stall?

Erst am nächsten Morgen war er aufgebrochen. Ihm war hundeelend gewesen. Nur *eine* Empfindung hatte ihn getrieben: Schnell fort, bevor etwas passierte! Bevor er sich maßlos blamierte!

Der Magen streikte. Und die Därme, die Därme! Er wankte hinaus in die öde, grauweiße Februardämmerung, hinein in die Einsamkeit der winterlichen Felder.

Eine Milchfrau fand ihn am Wegrand. »Wach auf«, sagte sie. »Willst wohl erfrieren? Gesoffen, was? Knöpf dich erst mal zu, und dann schau, dass du heimkommst.«

Er war noch kaum zu einem klaren Gedanken fähig. Benommen stolperte er zurück in die Stadt. Ihm war noch immer übel. Sein Schädel dröhnte.

»Um Gottes willen, wie sehen Sie denn aus!«, rief seine Zimmerwirtin, als sie ihm die Tür öffnete.

Sie ließ ihn ein Bad nehmen und brachte ihn dann mit einem starken Kaffee wieder zu sich. »Und wie war das Zeugnis?«, fragte sie ihn, während er frühstückte.

Er griff in die Tasche und erschrak: Das Zeugnis war weg! Hatte es ihm jemand abgenommen? Hatte er es verloren?

Frau Cichini machte ihm klar, dass er ohne Zeugnis nicht heimfahren könne, denn die Mutter würde als Erstes nach ihm fragen.

»Sie müssen sofort in Ihre Schule gehen und sehen, dass Sie ein Duplikat kriegen«, sagte sie und borgte ihm fünf Gulden, weil er auch kein Geld mehr bei sich fand.

Er ging. Aber was für einen Grund für den Verlust des Originalzeugnisses sollte er angeben? Von einem wütenden Hund zerrissen? In einen vollen Waschkessel gefallen? Noch am glaubhaftesten war *diese* Version: Auf dem Weg zu seinem Quartier hatte ihm ein Windstoß das Zeugnis entrissen und in den Fluss geweht. Niemand konnte beweisen, dass das eine Lüge war!

Als Adi das Schulgebäude betrat, kam ihm ein Mann entgegen, der aus dem Gebäude hinausstrebte. Ohne Zweifel ein Bauer. An seinen Stiefeln klebten Erdklumpen. Was suchte er hier in der Schule? Adi schaute ihm verwundert nach.

Im Sekretariat musterten ihn neugierige, ja amüsierte Blicke. Es schien fast, als habe man ihn schon erwartet.

»Ein Zeugnisduplikat?«, fragte der Sekretär und nickte, als wisse er Bescheid. »Einen Moment.« Er verschwand im Zimmer des Direktors, kehrte nach einer Weile zurück und wies Adi mit betont gleichgültigem Gesichtsausdruck an zu warten.

Der Direktor ließ ihn lange warten. Endlich winkte ihm der Sekretär. Adi klopfte, hörte die Stimme des Schulleiters »Herein« rufen, trat zögernd ein. Hinter dem großen Schreibtisch, neben der üppigen Zimmerpalme, thronte der Allmächtige der Schule. Vor ihm lag eine einfache graue Mappe.

Der Direktor zwirbelte seinen Schnurrbart und musterte Adi, der, wie es sich gehörte, an der Tür stehen geblieben war, mit einem strengen Blick.

»So, so«, sagte er fast genüsslich, »du möchtest ein Duplikat deines Zeugnisses haben. Es ist dir also abhanden gekommen.«

Adi nickte und wollte nun seine Windstoßgeschichte abspulen. Aber er hatte noch nicht den ersten Satz beendet, als ihn der Direktor unterbrach.

»Spar dir die Lügerei!«, donnerte er. »Vorhin hat ein Landwirt etwas im Sekretariat abgegeben, was er heute an seinem Ackerrand gefunden hat ...«

Mit spitzen Fingern öffnete er, Ekel demonstrierend, die Mappe. Da lag es, Adis Zeugnis, in vier Teile zerrissen. Beschmutzt.

Adi musste sich eine demütigende Strafpredigt anhören. Vor Scham wäre er am liebsten im Boden versunken. Der Direktor machte ihn gnadenlos fertig. Dann händigte er ihm ein Duplikat aus.

Seit diesem Tag trank Adi keinen Alkohol mehr. Nie mehr, so lange er lebte.

Und er hasste alle Schulen.

Ein ehemaliger Lehrer:

Er war entschieden begabt, wenn auch einseitig, hatte sich aber wenig in der Gewalt, zum mindesten galt er für widerborstig, eigenmächtig, rechthaberisch und jähzornig, und es fiel ihm sichtlich schwer, sich in den Rahmen einer Schule zu fügen. Er war auch nicht fleißig, wohl aber verlangte er von seinen Mitschülern unbedingte Unterordnung, gefiel sich in der Führerrolle und leistete sich allerdings auch manch weniger harmlosen Streich, wie solche unter unreifen Jungen nicht selten sind.

Franz Jetzinger: Hitlers Jugend, S. 105/106

Adi tat nichts dafür, im zweiten Halbjahr bessere Noten zu bekommen. Er vergab seine letzte Chance, ließ also alles laufen, wie es lief. Sein Hass auf die Schule wuchs. Er wollte raus aus dem Zwang, gierte nach Freiheit. Statt seine Aufgaben zu machen, vergnügte er sich mit dem Luftgewehr seines Quartiervaters: Er schoss aus seinem Fenster hinunter in den Hinterhof, auf die Ratten, die dort zwischen dem Gerümpel hin und her flitzten.

Schon im Juni wurde ihm klar, wie das nächste Zeugnis aussehen würde. Er sah es vor sich. Oben die Kopfnoten:

SITTLICHES BETRAGEN	befriedigend (3)
FLEISS	ungleichmäßig (4)

Darunter die Noten für die einzelnen Fächer:

RELIGIONSLEHRE	genügend (4)
DEUTSCHE SPRACHE	nicht genügend (5)
GEOGRAPHIE	genügend (4)
GESCHICHTE	genügend (4)
MATHEMATIK	nicht genügend (5)

und so weiter. Erst gegen Ende Erfreuliches:

FREIHANDZEICHNEN	lobenswert (2) und
TURNEN	vorzüglich (1).

Aber dann noch einmal, ganz zum Schluss, sehr Gräuliches:

STENOGRAPHIE	nicht genügend (5)

Also immer noch die drei Fünfen. Gewiss, Steno war Wahlfach, diese Fünf zählte nicht mit. Aber schon die beiden ersten Fünfen waren zu viel. Ihm war klar, dass ihm eine Wiederholung des eben durchlaufenen Schuljahres bevorstand.

Nur *das* nicht! Jetzt reichte es. Schluss – aus!

Noch vor der Ausgabe der Jahresschluss-Zeugnisse ließ sich Adi in der Schule krankmelden und fuhr einfach heim nach Linz, zu seiner Mutter.

Die war gerade von Leonding nach Linz umgezogen, nur ein paar lächerliche Kilometer, die Adi früher täglich zu Fuß zurückgelegt hatte. Aber Umzug ist Umzug. Die Mutter hatte also noch alle Hände voll zu tun mit der Umräumerei und Einrichterei.

»Was?«, rief sie ihm verblüfft entgegen, als er in die Wohnung stürmte. »Du bist schon da? Aber das Schuljahr ist doch noch gar nicht ganz zu Ende. Ist was passiert, Adi? Sag – ist was passiert?«

Sie umarmte ihn erschrocken.

Wie lieb sie aussah. Ihr dunkles Haar. Ihr kleiner Mund. Vor allem ihre Augen mochte Adi. Sie hatte so unwahrscheinlich helle Augen. Eine noch junge Witwe war sie, erst fünfundvierzig Jahre alt. Und immer sauber und adrett, sogar, wenn sie Teppiche klopfte. Nie wurde sie laut. Aber was das Beste an ihr war: Sie mochte ihn. Niemand auf der Welt mochte ihn, jawohl, so war es doch! Nur sie.

»Ich hab so ein Stechen auf der Brust«, sagte er und hustete. »Schon seit Tagen.«

Er sah mit Genugtuung die Angst in ihren Augen. Er wusste, dass sie sich ständig um sein Leben ängstigte. Kein Wunder. Von sechs Kindern, die sie geboren hatte, waren ihr vier weggestorben: Gustav und Ida waren nicht viel mehr als ein Jahr alt geworden. Otto hatte nur ein paar Tage gelebt. Dann war Adi zur Welt gekommen und am Leben geblieben. Fünf Jahre später war Edmund geboren worden und kurz bevor er in die Schule kam an Masern gestorben. Zuletzt hatte sich noch Paula eingestellt, sieben Jahre jünger als Adi.

Hatte die Mutter also nicht allen Grund, auch um die beiden Letzten, die ihr geblieben waren, zu bangen?

Gleich am nächsten Tag ging sie mit ihm zum Arzt. Adi

tat leidend, klagte über Schmerzen in der Herz- und Lungengegend, berichtete von Schwächeanfällen und behauptete, er könne sich oft nicht konzentrieren. Und schließlich war er ja wirklich schmal und hochgeschossen und sah nicht gerade wie das blühende Leben aus.

»Wie blass er ist, wie blass«, jammerte die Mutter. »Er wird doch nicht etwa die Schwindsucht haben, Herr Doktor? Ich bitte Sie, tun Sie alles, was in Ihrer Macht steht, Herr Doktor …!«

Der Arzt beruhigte sie. Aber nein, schwindsüchtig sei der Junge ganz sicher nicht. Lunge und Herz seien in Ordnung. Aber man könne natürlich nicht ausschließen, dass er zu schnell gewachsen und sein Organismus dadurch zur Zeit überfordert sei.

»Bist du oft müde?«, fragte er ihn.

Adi nickte lebhaft. Oh ja – und wie! In der Schule kämpfe er dauernd mit dem Schlaf. Und besonders beim langen Vornübergebeugt-Sitzen tue das Atmen weh, müsse er husten. Beim Gehen und Stehen sei ihm wohler.

»Ja, das viele Sitzen«, sagte der Arzt, »ist Gift für einen jungen Körper.«

Adi erreichte, was er wollte: Der Arzt empfahl der Mutter, ihn mindestens ein Jahr lang daheim zu behalten. Denn durch den Schulbesuch könne sich sein Zustand verschlimmern.

Adi verbeugte sich beim Abschied tief vor ihm.

Aber es entging ihm nicht, dass die Mutter auf diesen ärztlichen Rat mit Niedergeschlagenheit reagierte. Er wusste genau, was sie dachte: Nun ist der Junge schon jetzt ein Jahr zu alt für seine Klasse. Wenn er ein Jahr aussetzt und dann die letzte Klasse noch einmal wiederholen muss, wird er *drei* Jahre älter als seine Klassenkameraden sein!

»Das ist doch kein Zustand!«, klagte sie.

»Es ist ja noch ein Jahr Zeit bis dahin«, tröstete er sie. »In einem Jahr kann vieles passieren. Denk doch nicht so weit im Voraus.«

Er selbst war insgeheim überglücklich. Endlich war er die verhasste Schule los! Und er dachte gar nicht daran, diese herrliche Freiheit nach einem Jahr zu beenden. Aber darüber sprach er noch mit niemandem. Mit der Zeit würde sich alles von selber richten.

So kam's. Mit einer Schule hatte Adi nur noch ein einziges Mal sehr kurz etwas zu tun: Mitte September holte er in Steyr sein Zeugnis ab, das ihm jetzt gar nichts mehr bedeutete. Das war alles. Danach blieb er in Linz.

Es wurde ein wundervoll faules Jahr. Es ging ihm so gut wie einer Made im Speck.

Sie lebten jetzt in der Humboldtstraße Nummer 31. Er, Mutter, Schwester Paula und Tante Johanna, Mutters jüngere Schwester. Die Hannitante. Die war bucklig und hatte keine eigene Familie. Schon so lange sich Adi erinnern konnte, lebte sie bei ihnen und besorgte den Haushalt. Sie gehörte einfach dazu. Man nahm sie mit der Zeit gar nicht mehr wahr, außer wenn sie mal zornig wurde.

Und dann war da noch der Hagmüller-Junge, der Sohn des Bäckers und Gastwirts Hagmüller in Leonding. Die Hagmüllers wohnten nicht weit von dem Haus entfernt, das die Mutter verkauft hatte, bevor sie nach Linz übersiedelte. Sie waren mit ihr befreundet gewesen. Der Junge, vier Jahre jünger als Adi, ging in Linz zur Schule. Da man von Leonding nach Linz zu Fuß eine Stunde unterwegs war, blieb er viermal in der Woche über Mittag bei Adis Familie, aß mit und machte danach im Zimmer neben der

Küche seine Hausaufgaben, bis der Nachmittagsunterricht begann.

Zu fünft saßen sie also um den Küchentisch, und die Kleinste von allen war nicht Paula, sondern die bucklige Hannitante.

Adi war der Einzige in der Familie, der ein Zimmer für sich allein hatte. Es war nur ein kleiner Raum, ein Kabinett, mit einem einzigen Fenster, aber niemand anderer hatte darin etwas zu suchen, außer der Hannitante, wenn sie es auskehrte oder Staub wischte.

In diesem Raum verbrachte er einen großen Teil seiner Zeit, las, malte oder träumte. Er stand auf und ging zu Bett, wann es ihm passte. Er störte niemanden, denn Paula und die beiden Frauen schliefen im anderen Zimmer. Es war eben nur eine Zweieinhalb-Zimmer-Wohnung, wobei das zweite Zimmer die Wohnküche war.

Paula kicherte gern. Sie war nun schon ein großes Mädchen, neun Jahre alt, fast zehn, hochgeschossen, aber nicht so blass wie ihr Bruder. Oft war die Küche voller Gekicher – wenn Paula Freundinnen mit heimbrachte. Die Mutter hieß alle willkommen, ihr wurde das Kindergewiesel und -gewusel nie zu viel.

Zu Adi kam niemand.

»Hast du denn keine Freunde?«, fragte sie ihn einmal bekümmert.

»Hatte ich mal«, antwortete er verdrossen. »Als ich noch klein war.«

»Und was ist mit deinen ehemaligen Mitschülern hier aus der Linzer Realschule? Da warst du doch sicher auch mit einigen befreundet.«

Adi schüttelte den Kopf.

»Dann geh hinaus und such dir neue!«

»Wozu?«, fragte Adi.

»Magst du denn keine?«, fragte die Mutter bang.

»Sie stören nur.«

»Stören? Wobei?«

»Wobei? Wobei?«, äffte er sie schroff nach. »Ich hab zu tun!«

»Ist ja schon gut«, flüsterte die Mutter betroffen.

Er kannte sie gut. Er wusste, was jetzt in ihr vorging: Nein, sie wollte ihren Adi nicht verärgern. Er war schließlich kein Kind mehr. Und er musste geschont werden, denn seine Gesundheit war ja angegriffen.

Aber das, was sie da eben gehört hatte, war ihr doch auf den Magen geschlagen. Keine Freunde? War das denn noch normal? In diesem Alter? Und dann sein ständiges Hin- und Hergehen, seine Unruhe! Manchmal hörte sie ihn ja halbe Nächte rastlos wandern. Was ging dabei in ihm vor?

Und da war noch etwas, was sie sehr bedrückte: Nie wollte er sonntags mit in die Kirche gehen, in die Messe, seit er gefirmt worden war. Das konnte doch nicht gut gehen, so gottlos aufzuwachsen! So zu tun, als ob es den Herrgott gar nicht gäbe!

Vielleicht lag das alles an seiner angegriffenen Gesundheit. Er war ja so lang und hager und blass, der Arme, er litt sicher an sich selber. Herausfüttern musste sie ihn! Dann würde sich all das, was ihr Unruhe bereitete, von selber geben. Dann würden sich auch Freunde einstellen und würden ihn von dieser Rastlosigkeit abhalten, würden ihn mitnehmen in die Kirche, würden ihn zu Festen und Feiern einladen, zu Wanderungen und allerlei Allotria. Jetzt musste er sich ja auch bald für Mädchen zu interessieren beginnen. Es würde schon alles irgendwie ins Lot kommen bei ihm …

Sie entfernte sich leise.

Freunde. Adi dachte an die Zeit in Leonding. Seit er neun Jahre alt gewesen war, hatte er dort gelebt. In Leonding hatte er Scharen von Freunden gehabt, von Spielkameraden, die meisten jünger als er. Immer war *er* der Anführer gewesen.

Auf dem Kirabühel waren sie herumgetollt, in den Ausläufern des Kürnberger Waldes hatten sie herrliche Schlupfwinkel entdeckt. Räuber und Gendarm hatten sie gespielt, Fangen und Verstecken. Aber nur manchmal. Am häufigsten hatten sie Krieg gespielt, als Indianer und Cowboys oder als Deutsche und Franzosen.

Und er war immer der Anführer gewesen.

Das war auch kein Wunder. In der Schule hatte er damals geglänzt, immer Einser im Zeugnis, auch im Betragen. Und weil sein Vater ein Zoll-Oberamtsoffizial gewesen war, galt er sowieso als etwas Besseres unter den Bauern-, Krämer- und Tagelöhnerkindern. Bei ihm daheim hatte keine Armut geherrscht, wenn's auch nicht üppig zugegangen war. Seine Mutter konnte es sich sogar leisten, ihn in Matrosenblusen zu stecken!

Aber das waren nicht die einzigen Gründe gewesen. Die Jungen von Leonding hatten ihn als Anführer anerkannt, weil er *führen* konnte! Weil er reden, weil er sie begeistern, weil er sie zum Gehorchen zwingen konnte!

Und *wie* sie ihm gehorcht hatten! Da war niemals eine Widerrede aufgekommen. Er konnte sich auf sie verlassen. Zum Beispiel damals, als seine Bande aus Versehen, eigentlich aus Dummheit, einen Waldbrand auslöste. Er befahl ihnen, das Feuer auszutreten. Sie taten ihr Möglichstes.

Aber die meisten von ihnen, er auch, waren barfuß. Und so bekamen sie das Feuer nicht in den Griff. Panik! Blitzschnell entschloss er sich, deshalb zu einer anderen

Strategie: Er befahl ihnen, davonzulaufen und nichts, aber auch gar nichts, kein Sterbenswörtchen, von dieser Sache zu verraten, sonst gebe es ein böses Ende mit Hieben, Verhören und vielleicht sogar einem Jahr oder mehr in der Besserungsanstalt!

So kam nichts heraus, obwohl die Feuerwehr ausrücken musste.

Ja, am liebsten hatte er Krieg gespielt, mit flatternden Wimpeln und *Hurra!* und *Attacke!* Mit Siegern und Besiegten.

Manchen der Jungen war das allmählich langweilig geworden, sie hatten nicht immer dasselbe spielen wollen. Es gebe doch schließlich auch noch andere Spiele!

Adi schnaubte höhnisch, als er daran dachte. Als ob Krieg spielen jemals langweilig werden konnte!

Er war nicht auf die Meuterer angewiesen gewesen. Es hatte genug andere Jungen gegeben, die nur darauf lauerten, mittun zu dürfen. Vor allem die jüngeren. Die waren wie wild hinter ihm hergewesen, wie erpicht auf ihn!

Er nickte. Ja, die Menschen lechzen nach Häuptlingen und Führern, denen sie sich anschließen können. Von denen sie sich sagen lassen können, was sie zu tun und zu lassen haben.

Gehorchen ist ja so viel leichter als führen!

Er, Adi, gehörte zu den Häuptlingen, den Führern, zur Elite.

Er stand auf und ging wieder hin und her in seinem Kabinett. Wie ein Gefangener in seiner Zelle. Wie ein Raubtier im Käfig.

Eines Tages. Sein Blick schweifte durch das Fenster hinaus in die Weite über den Dächern. Sein Tag würde kommen. Dann würde er frei sein und führen!

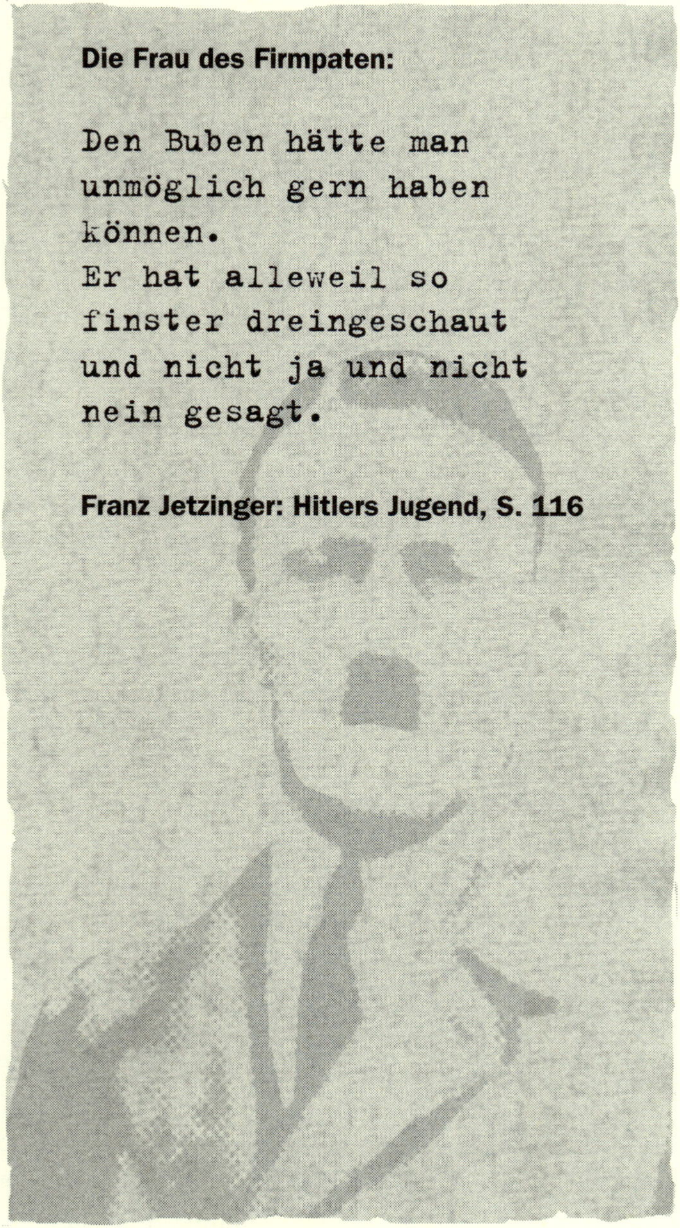

Die Frau des Firmpaten:

Den Buben hätte man
unmöglich gern haben
können.
Er hat alleweil so
finster dreingeschaut
und nicht ja und nicht
nein gesagt.

Franz Jetzinger: Hitlers Jugend, S. 116

Hin und her, hin und her. Bis in die Nacht. Drüben sprach die Hannitante im Schlaf. Adi hatte sie auch schon manchmal schreien hören. Da war die Mutter aufgestanden, hatte sich auf ihren Bettrand gesetzt, hatte beruhigend auf sie eingeredet und ihr dann einen Tee gekocht.

Die Mutter war immer gleichmäßig temperiert, bei der Hannitante ging's auf und ab. Manchmal bekam sie einen richtigen Rappel, da geriet sie außer sich und beschimpfte die ganze Welt. Aber im Allgemeinen werkelte sie stumm vor sich hin. Sie fraß alles in sich hinein, bis sie wieder mal überlief.

Adis Gedanken kehrten zu sich selbst zurück.

Als er dann nach Linz in die Realschule gekommen war, war alles ganz anders geworden. Hier in Linz hatten sie nicht erkannt, was in ihm steckte, weder Lehrer noch Mitschüler. Die Dummköpfe!

Er war in der Klasse nicht mehr der Intelligenteste gewesen, weil es in Linz viele gab, die einen klugen Kopf hatten. Für die Leondinger Schule hatte er nie daheim für den nächsten Tag zu lernen brauchen. Er hatte es ohne Mühe geschafft, auch ohne Fleiß ein Primus zu sein.

In der Realschule aber war hartes Lernen angesagt, Tag für Tag eine Menge Hausaufgaben, die sich nicht mehr in zehn Minuten erledigen ließen. Und hier hatte Adi nicht einmal mit seinem Vater auftrumpfen können, denn viele Schüler seiner Klasse hatten Väter, die etwas viel Höheres als ein Zoll-Oberamtsoffizial waren.

Freilich, er war nicht der Einzige gewesen, mit dem es in der Realschule erst einmal bergab ging. Von einer Landvolksschule in eine höhere Stadtschule zu kommen und sich dort durchzusetzen, war nicht einfach. Und es war auch ein großer Nachteil, nicht dort zu wohnen, wo die meisten anderen Mitschüler wohnten. Man konnte nach dem Unterricht nicht mit ihnen zusammen sein. Adi hatte ja immer nach Leonding heimwandern müssen.

Da war ihm nichts anderes übrig geblieben, als während der Schulstunden und in den Pausen in anderer Weise auf sich aufmerksam zu machen. Aber so gut wie niemand war daran interessiert gewesen, ihn als Anführer anzuerkennen. Er hatte sich damit nur seine Betragensnote versaut.

Eine miese, fiese Schulzeit war das gewesen. Verkannt hatten sie ihn, die Lehrer, nichts gegolten hatte er bei ihnen, und noch dazu hatten sie ihn zwingen wollen, sich wie irgendein x-beliebiger Niemand ihren Anordnungen, ihrem Diktat zu beugen, also zu pauken, was sie ihm vorschrieben!

Da hatte er gestreikt. Und war durchgefallen.

Als er mit dem Zeugnis heimgekommen war, hatte es natürlich Krach gegeben. Sein Vater hatte sich fürchterlich aufgeregt.

»Wie willst du denn mit so einem Zeugnis zu einem respektablen Beruf kommen!«, hatte er ihn angeschrien. »Faul bist du – stinkfaul! Aber das wird sich ändern!«

Es änderte sich tatsächlich: Adi hatte jetzt lernen *müssen.* Allerdings kontrollierte nicht der Vater die Aufgaben. Er war ja oft nicht daheim. Sondern die Mutter, meistens aber Angela, die Stiefschwester, die damals schon so gut wie erwachsen war.

Die Mutter hatte sich leicht hinters Licht führen lassen, die glaubte ihm, wenn er erzählte, heute habe es wegen der ungewöhnlichen Hitze keine Aufgaben gegeben. Aber Angela hatte er mit solchen plumpen Schwindeleien nicht kommen können. Die hatte nur gelacht und ihm angedroht, wenn er ihr nicht sage, was er aufhabe, werde sie ihm eben andere Aufgaben geben. Weigerte er sich, zu tun, was sie ihm befahl, drohte sie ihm, dem Vater Bericht zu erstatten. Noch jetzt sah er ihr lachendes, rundes Gesicht über sich schweben, wenn er an jene Zeit dachte. Wie er es gehasst hatte, damals!

Und noch jetzt freute er sich nicht, wenn Angela, nun schon Frau Raubal, auf Besuch kam. Die Mutter verstand sich gut mit ihr, sie hatte sie ja großgezogen. Angela schien sie nie als eine solche Stiefmutter zu sehen, wie die Stiefmütter in den Märchen geschildert werden. Oft sah Adi die beiden Frauen in der Küche zusammensitzen und scherzen. Dann wurde er wütend. Warum nur war die Mutter so nett zu ihr? Was hatte Angela überhaupt noch hier bei ihnen zu suchen? Mochte sie die Zeit mit ihrem Leo verbringen!

Den konnte er auch nicht leiden.

Zähneknirschend hatte er sich damals dem Zwang gefügt. Und so war er mit einigermaßen annehmbaren Noten durch das Schuljahr gekommen. Allerdings weiterhin ohne Freunde, ohne Gefolgschaft.

Nachdem er die zweite Realschulklasse zur Hälfte hinter sich gehabt hatte, war der Vater gestorben. Im Gasthof war er einfach umgekippt.

Für einen gestorbenen Vater hatte man Trauer zu empfinden. Aber sein Tod war doch auch eine große Erleichterung gewesen. Von da ab hatten Mutter und Angela die Hausaufgaben nicht mehr so genau kontrolliert. Niemand mehr hatte Rechenschaft gefordert, ob Adi sich darum bemühte, in der Schule besser zu werden oder nicht. Die Mutter brachte es einfach nicht fertig, ihren Liebling zu etwas zu zwingen, was ihm keinen Spaß machte.

Ja, diese Mutter, genau diese Mutter war die richtige für ihn. Diese oder keine.

Und Angela hatte damals ja auch schon den Leo im Kopf und kümmerte sich kaum mehr um das, was daheim ablief. In diesem Sinn war Leo Raubal, der spätere Schwager, recht nützlich gewesen.

Leonding. Schon so fern. Eine schöne Zeit – bis auf die Firmung.

Sie hatte stattgefunden, als er noch dort daheim gewesen war. Vor eineinhalb Jahren, zu Pfingsten 1904.

Ein Albtraum.

Der Vater war da schon über zwei Jahre tot gewesen. Ein Arbeitskollege von ihm, der Lugert, hatte gleich zugesagt, als die Mutter ihn gefragt hatte, ob er die Firmpatenschaft für ihren Sohn übernehmen wolle. Der Lugert war ein stattlicher, noch junger Mann, erst fünf Jahre verheiratet. Und die Frau Lugert war sehr hübsch. Sie hatte Adi übers Haar gestrichen.

Das hatte er ihr nie verziehen. Sie hatte ihn behandelt wie ein Kind, obwohl er doch damals schon fünfzehn Jahre alt gewesen war! Er hatte ihr seinen Zorn deutlich kundgetan, hatte sie angestarrt, so finster er konnte!

Die Lugerts hatten keine Kinder. Adi war ihr dritter Firmpate gewesen. Er erinnerte sich, dass die Mutter zum Lugert gesagt hatte: »Als Firmgeschenk kaufen Sie ihm keine Uhr. Er hat schon zwei.«

Die Firmung fand im Linzer Dom statt. Lauter Brimborium, lauter Heuchelei. Danach bekam er von den Lugerts mit den feierlichsten Gesichtern ein Sparkassenbuch mit Einlage überreicht, dazu ein Gebetbuch.

Er reagierte nicht mit dem üblichen Dankbarkeitsgetue, das man von ihm offenbar erwartet hatte. Er ließ die Lugerts fühlen, dass sie ihn nicht beeindruckt hatten. So einfach ließ er sich nicht beeindrucken! Auch nicht durch das anschließende festliche Mittagessen im Haus der Lugerts. Auch nicht durch die Fahrt im Zweispänner nach Leonding hinaus.

Aber nach der Ankunft daheim in Leonding, als die Lugerts mit der Mutter und der Paula in der Wohnstube jausten, da hatte er doch noch eine schöne Zeit: Eine Schar alter Spielkameraden hatte ihn schon erwartet, und kaum war er aus der Kutsche gestiegen, war er auch schon mit ihnen davongestürmt. Rund ums Haus, in dem die anderen Kaffee tranken, tobte er mit den Leondingern Buben herum, es war ein wildes Kriegsspiel, wobei ihm ganz egal war, ob sein feiner Firmlingsanzug schmutzig wurde oder nicht. Alle, die mitspielten, hörten auf sein Kommando.

Ein herrlicher Nachmittag! Unvergesslich!

Die Mutter war danach sehr schlecht auf ihn zu sprechen gewesen. So ärgerlich hatte Adi sie selten erlebt!

»Wie hast du dich nur aufgeführt«, klagte sie. »So verstockt! So mürrisch!«

»Es war mir eben so danach«, antwortete er finster.

»Noch nicht einmal für die Geschenke hast du dich dankbar gezeigt!«

»Sie sind mir egal gewesen.«

»Aber die Lugerts haben sich solche Mühe gegeben. Und sie haben sich's was kosten lassen!«

»Mir ist die ganze Firmerei zuwider. Ich glaub doch an den Schmarren nicht mehr. Warum soll ich da tun, als ob ich mich freue?«

Die Mutter bekreuzigte sich. »Du weißt nicht, was du sagst!« Sie schluchzte. »Und dein beleidigtes Gesicht auf der ganzen Fahrt! Und dann dein Getobe rund ums Haus. So ein Lärm! Die Lugerts waren richtig verärgert, das hab ich ihnen angesehen. Ich hab mich für dein Benehmen entschuldigen müssen!«

»Ich bin ja vorher nicht gefragt worden«, knurrte Adi. »Ich hab nicken und grinsen sollen wie die hölzernen Negerknaben in den Kirchen, wenn man was durch den Spendenschlitz schiebt!«

»Und wie hast du den guten Anzug zugerichtet!«

Sie hatte das ganze Taschentuch nass geweint.

Das hatte er nicht gewollt. Es tat so weh, die Mutter weinen zu sehen. Die Lugerts waren an der ganzen Sache schuld, auch an diesen Tränen! Und so hatte er seinen Firmpaten und dessen Frau damit bestraft, dass er ihnen zum Namenstag und zu Neujahr nicht geschrieben hatte, wie es doch Sitte war. Auch von der Mutter hatte er sich nicht dazu bewegen lassen.

Wie die Buben an jenem sonnigen Nachmittag an seinen Lippen gehangen hatten! Wie sie gekichert hatten, als er den Bischof nachäffte! Wie er eine Predigt voller Unsinn hielt, umrahmt von großen Gesten, und danach einen Buben nach dem anderen firmte! Davon hatten sie bei sich daheim ganz gewiss nichts erzählt.

Und danach hatte er einen Spähtrupp angeführt, rund um die Kirche, und hinter der Sakristei mit Siegesgebrüll eine feindliche Patrouille erledigt!

Zeit, zu Bett zu gehen. Es war schon lange nach Mitternacht. Er streifte die Kleider ab, kroch unter die Decke.

Jetzt war Ruhe da drüben im Zimmer, in der Küche. Gott sei Dank. Kein Kindergegiggel, keine Angela auf Besuch, die immer Witze auf Lager hatte und sie auch zum Besten gab. Witze, über die sogar die Hannitante lachen musste. Witze, die auch Paula hören durfte und sogar meistens verstand. Das Gelächter schallte dann bis in sein Zimmer, wo er gerade konzentriert an etwas arbeitete. Zum Beispiel an einem Gedicht. Oder einem Bauplan. Oder einer Skizze. War es da verwunderlich, dass er manchmal die Tür aufriss, »Ruhe!« in die Wohnstube brüllte und dann die Tür wieder zuknallte?

Meistens herrschte Stille.

Aber manchmal konnte es Angela auch einfallen, seine Tür einen Spalt zu öffnen, hereinzugrinsen mit ihrem runden Gesicht und zu fragen: »Weißt du nicht auch einen? Aber keinen faden, bitte –«

Damit konnte sie ihn zur Weißglut bringen. Das wusste sie und kostete es dementsprechend aus.

Wie er sie hasste.

Aber sie verdiente es gar nicht, dass er ihr in seinen Gedanken einen so breiten Raum überließ. Wo war er mit seinen Erinnerungen stehen geblieben?

Leonding. Jetzt lebte er nicht mehr dort, und er war ja inzwischen auch älter geworden. Krieg spielen, so wie damals, ging nicht mehr. Kinderkram.

Aber einen Freund, ja, den hätte er schon gern gehabt. Einen Freund, dem er alle seine geheimen Gedanken anvertrauen konnte. Der ihm fasziniert zuhörte und sich beeindrucken ließ. Also einen Freund, der ihm an Bildung und Intelligenz unterlegen war. Der ihn als den Führenden anerkannte und sich willig führen ließ. Und der sich – das war strikte Bedingung! – seinen Lebensgewohnheiten anpassen konnte.

Aber wie ließ sich so ein Freund finden, wo er, Adi, doch nicht mehr zur Schule ging und fast den ganzen Tag – auch abends, wenn er nicht gerade eine Opernaufführung besuchte – daheim in seinem Kabinett hockte?

Ein Hitlerjunge:

Der Führer hat auch
nichts gelernt und ist
doch Führer geworden!

Die Mutter hatte jetzt einen neuen Hausarzt gewählt, der von der neuen Wohnung aus leichter zu erreichen war: einen Dr. Bloch in Linz. Er wurde sehr gelobt und er machte auch Hausbesuche.

»Du musst mehr raus an die frische Luft, Adi«, sagte Dr. Bloch, als er wieder einmal vorbeikam. »Kein Wunder, dass du so blass bist. Deine Mutter hat dich doch nicht dafür aus der Schule genommen, dass du jetzt von morgens bis abends in der Stube hockst!«

Dr. Bloch war der einzige Nicht-Familienangehörige, von dem sich Adi ein »du« gefallen ließ, jetzt, nachdem er schon sechzehn war.

Und er musste ihm auch hinsichtlich seiner Mahnung Recht geben. Für das Große, was er im Leben vorhatte, würde er eine gute Gesundheit brauchen.

Sein Vater hatte für ihn die Beamtenlaufbahn vorgesehen. Er aber dachte nicht daran, Beamter zu werden. Er strebte ein anderes Ziel an. Künstler wollte er werden!

Vorerst hatte er eine nur sehr ungefähre Vorstellung vom Künstlerleben. Auf keinen Fall war es einem Beamtenleben ähnlich. Sein Vater war Beamter gewesen. Adi schüttelte sich, wenn er an dessen Berufsleben dachte: Befehlshierarchie, feste Arbeitszeit mit Frühbeginn, Sitten- und Verhaltensvorschriften, öde Arbeit, mit der man sich nicht identifizieren konnte, und noch dazu ein Eingesperrtsein in Ordnungs- und Gesetzeskäfige.

Ein Künstler dagegen war frei, brauchte sich niemandem unterzuordnen, konnte den Tag einteilen und zubringen, wie es seiner Lust und Laune entsprach. Ihm boten sich immense Möglichkeiten, Botschaften weiterzugeben, Zeichen zu setzen, die Gesellschaft zu inspirieren.

Ein Künstler *war* jemand, er wurde geachtet, geehrt und geschätzt, ohne dass nach seinen Zeugnissen gefragt wurde. Sein unangepasstes Leben wurde respektiert, auch wenn er arm war. Die Reichen und Mächtigen im Land rissen sich um seine Gunst, sonnten sich in seinem Ruhm!

Adi war nicht nur ein flotter Zeichner, sondern hatte auch eine gute Stimme. Als Achtjähriger – seine Familie wohnte damals noch nicht in Leonding, sondern in Lambach im Salzkammergut – hatte er in der Sängerknabenschule des dortigen Stiftes Gesangsunterricht bekommen. Auch schon sein Vater hatte eine gute Stimme und Freude an Musik gehabt, wenn auch nicht an der klassischen. Adi hatte in Linz, als Zwölfjähriger, eine Wagner-Oper erlebt. Seitdem schwärmte er für Richard Wagner und dessen Werke.

Er beschloss also, sich auf ein Künsterleben einzustellen. Er zeichnete und malte, kaufte sich ein Reißbrett und konzentrierte sich ganz auf architektonische Entwürfe. Eifrig bemüht, sich so zu verhalten, wie sich – nach seiner Meinung – von kreativen Ideen besessene und von ihrem Sendungsbewusstsein getriebene Künstler verhielten, griff er oft mitten beim Essen nach Papier, Stift oder Kohle und zeichnete, was ihm in den Sinn kam: Gebäude oder Teile von ihnen wie Tore, Türme, Fenster, Säulen. Manchmal skizzierte er auch Köpfe, so zum Beispiel den des Kostgängers Hagmüller. Aber Köpfe lagen ihm nicht so.

»Die Suppe wir kalt«, mahnte dann die Hannitante ungehalten.

Er warf ihr einen mitleidigen Blick zu. Was war sie doch für ein armer Mensch: Die Wärme der Suppe war ihr wichtiger als die Kunst!

»Mal mir einen Hund, Adi«, bat ihn Paula einmal und schob ihm zwischen Suppe und Hauptgericht einen schon etwas angeknitterten Bogen Papier hin. »Einen Mops!«

Adi zeichnete.

»Das ist doch kein Mops!«, rief Paula, entzog ihm das Blatt und schwenkte es. »Das sieht aus wie ein Kalb. Kannst du keinen Mops malen? Das kann ja die Pia in unserer Klasse besser!«

Adi tat, als sei er nicht mehr anwesend.

»Ich will aber einen Mops!«, sagte Paula eigensinnig. »Einen Mops mit einer Blume in der Schnauze. Als einen Glückwunsch zum Namenstag für die Resi in meiner Klasse.«

»So tu ihr doch den Gefallen, Adi«, bat die Mutter.

»Mit solchen Kindereien gebe ich mich nicht ab«, fauchte Adi wütend, stürmte in sein Kabinett und schlug die Tür hinter sich zu.

Er wurde Mitglied der Bücherei des Volksbildungsvereins, las eifrig Zeitungen, so die LINZER POST und das ALLDEUTSCHE TAGBLATT, entlieh Bücher aus Leihbüchereien und entwickelte eine geradezu hektische Betriebsamkeit. In seiner Kammer häuften sich Bücher.

Vor allem deutsche Heldensagen interessierten ihn. In jeder Bücherei fragte er zuerst nach ihnen. Er konnte gar nicht genug von ihnen kriegen. In der Welt der Heldensagen fühlte er sich Richard Wagner nahe. Keine Wagner-Oper, die in Linz gegeben wurde, ließ er aus, und nach jeder Vorstellung kam er in verklärter Stimmung heim.

Die Mutter war nicht in der Lage, seine Opernbegeisterung zu teilen. Sie verstand nichts von Opern. Richard Wagner? Sie wusste nur, dass er Opern geschrieben hatte. Das hatte sie von Adi erfahren.

Anfangs versuchte er ihr seine Gedichte nahe zu bringen, versuchte ihr seine architektonischen Skizzen zu erklären. Sie gab sich Mühe, ihn zu verstehen und bewunderte ihn. Aber er spürte, dass sie sich innerlich gegen sein Künstlertum sträubte.

Das tat ihm weh. Und es machte ihn gleichzeitig wütend. Warum glaubte sie nicht an ihn?

»Das alles ergibt doch keinen richtigen Beruf, Adi«, sagte sie einmal vorwurfsvoll. »Ich kann dich nicht ewig erhalten. Mach dir das klar, mein Junge. Du *musst* einen Beruf erlernen, damit du auf eigenen Beinen stehen kannst!«

»Siehst du denn nicht, wie ich mich weiterbilde?«, rief er hitzig. »Siehst du die Bücher nicht, die ich studiere?«

»Immer nur Heldensagen«, seufzte die Mutter.

»Ich studiere Wagner, ich informiere mich über die Germanen, ich lerne die Kunst- und Architekturstile voneinander unterscheiden! Ich bin so fleißig, wie's fleißiger nicht geht, und ich überschlage mich vor Wissbegier! Ich fresse das Wissen geradezu in mich hinein – merkst du das nicht, Mutter?«

Sie sah ihn traurig an.

»Jetzt *habe* ich endlich Freude am Lernen«, rief er, immer hitziger werdend. »Weil ich mir aussuchen kann, *was* ich lerne! Damit habe ich die Schule, diese verkrampfte und verkrustete und weltfremde Einrichtung, mit ihren eigenen Mitteln geschlagen!«

»Aber davon kriegst du doch keine Zeugnisse«, seufzte die Mutter. »Und auf die Zeugnisse kommt's nun mal an.«

»Als Künstler brauche ich keine Zeugnisse!«, brauste Adi auf. »Meine Werke sind meine Zeugnisse!«

»Aber wovon soll denn das Geld kommen, das du brauchst, um dich und später auch deine Familie zu erhalten? Von ein paar kleinen Zeichnungen, auf denen man noch nicht einmal Blumen oder Menschen oder Landschaften sieht, sondern immer nur Häuser? Wer kauft die?«

So hatte Adi seine Mutter noch selten erlebt. Er erriet,

dass sie sich große Sorgen um ihn machte. Und sicher hatte sie mit Angela darüber gesprochen, und Angela – darauf würde er wetten – hatte ihr in den Ohren gelegen, ihm diesen Traum vom Künstlerleben auszureden.

»Ach Mutter«, sagte er, »ich weiß, du wärst glücklich, wenn ich Beamter würde. Aber daran würde ich zugrunde gehen. Begreifst du das nicht?«

Die Mutter hob den Kopf. In ihren Augen sah er eine kleine Hoffnung glimmen. »Ich versteife mich ja nicht auf den Beamtenberuf«, sagte sie hastig. »Es gibt doch auch noch andere Möglichkeiten. Da hat mir kürzlich einer aus Leonding gesagt, er könnte dir eine solide Bäcker-Lehrstelle besor-«

»Bäcker?«, rief Adi aufgebracht. »Du glaubst doch nicht im Ernst, Mutter, dass ich Bäcker werde! Bäcker!«

Und da war es auch schon wieder so weit: Ihre Augen standen voll Tränen. Das ertrug er nur schwer.

»Versteh mich doch, Mutter«, bat er. »Du darfst mich nicht an den anderen messen. Ich bin nun mal anders. Ich passe in eure Ordnungen nicht hinein. Du musst nur Geduld haben, bis ich Gelegenheit bekomme, mich zu entfalten. Du wirst noch staunen, was aus deinem Adi wird!«

»Ich schaff das nicht«, murmelte sie matt. »Ich zerquäle mich mit dir.«

»Ich könnte dir Künstler nennen, Leute von früher wie von heute, die auch nicht in die üblichen Ordnungen passten. Sie haben sie entweder gesprengt oder sind an ihnen zugrunde gegangen. Ich werde sie sprengen!«

»Wenn du wenigstens wieder in die Schule gehen würdest. Das wäre ein zeitlicher Aufschub. Ein guter Schulabschluss würde dich vielleicht auf andere Gedanken bringen. Aber das willst du ja nicht.«

»Schule?«, rief Adi. »Nie wieder!«

Er zog sein Taschentuch und wischte damit ihre Tränen weg. »Du musst an mich glauben«, flüsterte er. »Und wie wär's, wenn du mal mit mir in die Oper gingst? Da lernst du eine ganz andere Welt kennen. Eine *bessere* Welt, mit der sich unsere armselige nicht messen kann!«

Erschrocken hob die Mutter ihre Hände. »Nein. Dort passe ich nicht hin. Ich weiß nicht, wie man sich unter Opernbesuchern benimmt. Ich müsste vielleicht weinen. Oder lachen. Und ich hab ja auch kein Kleid, mit dem ich mich dort sehen lassen könnte …«

Resigniert steckte Adi das Taschentuch ein. So war sie nun mal: voller Ängste.

Es wurde Zeit für den Straßen-Bummel am Spätnachmittag, der seit Dr. Blochs Ermahnung zu seinem täglichen Programm gehörte. Er legte seinen Hausanzug ab, stieg in die eleganten Hosen, schlüpfte in den noch eleganteren Gehrock, band die Krawatte, putzte die Schuhe, bürstete ein paar Fusseln von den Ärmeln. Vor dem großen Spiegel prüfte er, ob alles in Ordnung war. Mit Hannitantes kleiner Schere schnippelte er noch schnell an seinem Oberlippenbärtchen herum und zog den Scheitel nach. Dann griff er nach Hut und Stöckchen und verließ die Wohnung.

Das schwarze Ebenholzstöckchen mit dem elfenbeinernen Griff in der Form eines zierlichen Schuhs war sein wichtigstes Requisit, denn es ließ darauf schließen, dass er entweder Student oder Künstler war.

Jeden Spätnachmittag flanierte er in dieser Ausstattung – fast kam sie einer Kostümierung gleich – über die Hauptstraße der Stadt, die vom Bahnhof zur Donaubrücke führte und »Landstraße« genannt wurde. Einmal hin und einmal zurück. Auf dieser Strecke bummelte um diese Tageszeit jeder Linzer, der gesehen werden wollte, vor allem die jüngeren Mitglieder der angesehensten Familien. Man betrachtete das Angebot in den Schaufenstern, hielt an zu einem kurzen Geplauder – und flirtete.

Hier auf dieser Straße begegnete Adi einem Mädchen, das ihn verzauberte.

Es war eine sehr hübsche, blonde junge Dame, teuer gekleidet und selbstsicher in ihrem Auftreten. Es schien ihm, als sei sie schon etwas älter als er, aber das konnte auch täuschen. Im Übrigen war die Frage ihres Alters ganz und gar belanglos.

Sie wurde begleitet von einer schon reiferen Dame, die ihr ziemlich ähnlich sah. Wahrscheinlich war es ihre Mutter. Die ließ aufmerksam ihre Blicke wandern. Auf Adi blieben sie nicht haften. Finster musste er sich eingestehen, dass sie sozusagen durch ihn hindurchgeschaut hatte.

Aber was scherte ihn die Mutter. Er blieb stehen und sah dem Mädchen fasziniert nach. Das war sie: sein Traum, seine Göttin, seine Muse.

Von nun an war er darauf aus, ihr zu begegnen, wann immer es möglich war. Einmal winkte ihr ein Mädchen zu: »Servus, Stefanie!«

Stefanie hieß sie also.

Oh Stefanie! Er träumte von ihr, nicht nur in der Nacht. In Tagträumen hielt er Ansprachen mit lebhaften Gesten, die allein ihr galten. Er sah sie vor sich, wie sie ihm schweigend zuhörte mit sanft geneigtem Kopf, hin und wieder seine Ausführungen durch ein Nicken bestätigend. Sie war also einverstanden mit seinen Ansichten, seinen Plänen.

Wie auch nicht?

Nie sehnte er sich danach, sie zu berühren, nicht einmal, sie zu küssen. Sie war kein Mensch aus Fleisch und Blut.

In der realen Welt, auf dem spätnachmittäglichen Bummel, sprach er sie, wenn sich ihre Wege kreuzten, nie an. Er starrte nur mit brennendem Blick in ihr heiteres Gesicht. Blieb ihr Blick an ihm hängen? Er spähte mit klopfendem Herzen. Drehte sie sich nach ihm um?

Viele junge Männer versuchten, ihren Blick zu fixieren, viele beobachteten, ob die Schöne ihnen nachschaute.

Konnte es möglich sein – Adi musste bei diesem Gedanken schlucken –, dass sie ihn gar nicht wahrnahm?

Von nun an lüftete er seinen Hut vor ihr, den großen, modischen, breitkrempigen schwarzen Hut. Und er trug schwarze Glacéhandschuhe, die nicht billig gewesen waren.

August Kubizek:

Ich überlasse es anderen, darüber zu urteilen, ob Menschen, die wie Hitler mit der Sicherheit eines Traumwandlers ihren Weg gehen, den Menschen, den sie für eine bestimmte Wegstrecke notwendig brauchen, zufällig aus der Menge herausfinden oder ob es eine bestimmte Fügung ist, die ihnen im entscheidenden Augenblick diesen Menschen entgegenführt. Ich kann nur die Tatsache feststellen, daß ich von der Begegnung im Theater bis zu seinem späteren Absinken in die Elendszeit, in die ich nicht mehr hineingehörte, für Adolf Hitler dieser Mensch war.

Adolf Hitler, mein Jugendfreund, S. 25

Adi konnte sich im Theater, in dem auch Opern aufgeführt wurden, nur einen Stehplatz leisten. Im Parkett. Von da aus hatte man eine gute Sicht auf die Bühne. Allerdings standen auf dieser Fläche zwei Säulen, die, wenn man hinter sie geriet, die Sicht beeinträchtigten. Adi versuchte immer so früh zu kommen, dass er sich die Vorderseite einer der Säulen aussuchen konnte. Dort konnte er sich anlehnen. Das erleichterte das stundenlange Stehen erheblich.

Bald merkte er, dass auch ein anderer Opernbesucher auf solch einen Säulen-Anlehnplatz aus war: ein junger Mann, etwa so alt wie er selbst, aber kleiner. Dessen Anzug, aus dem er schon etwas herausgewachsen war, verriet, dass der Junge nicht aus einer der reichen Familien der Stadt kam.

Adi sah keine Veranlassung, den anderen anzusprechen, und der blieb auch stumm. Nur verstohlen musterten sie einander. Es kam so weit, dass Adi, wenn er in die Oper ging, schon ziemlich sicher damit rechnen konnte, den anderen bereits an der zweiten Säule vorzufinden. Meistens nahm Adi die rechte, der andere die linke Säule.

Sie warfen sich immer weniger reservierte, immer neugierigere Blicke zu. Als Adi einmal während einer Aufführung hinüberschaute, sah er, wie fasziniert der andere zuhörte, wie er die Musik förmlich einsog.

Auf einem der nächsten Opernabende, in der Pause, bahnte sich nun doch ein Gespräch an. Adi erregte sich über eine offensichtliche Fehlbesetzung, und er merkte, dass auch der andere unzufrieden war, denn er schüttelte mehrmals den Kopf.

Ja, so war es. Ihr Urteil über die Aufführung deckte sich. Das zu wissen befriedigte Adi. Dieser andere verstand also auch etwas von Musik. Es entspann sich ein lebhaftes Gespräch.

Aber es auf andere Themen zu lenken, wagte Adi nicht. Vielleicht war der andere neugierig, ja aufdringlich?

Auch der andere wagte sich aus seiner Reserve noch nicht heraus. So reserviert blieb ihr Umgang miteinander auch während der nächsten Säulenbegegnungen: Sie unterhielten sich nur über die jeweilige Aufführung.

Bis der andere ihn einmal – nach einem Opernabend – heimbegleitete. Auf diesem gemeinsamen Weg erfuhr Adi seinen Namen. August Kubizek hieß er.

»August«, sagte Adi und verzog das Gesicht. »Ich kann diesen Namen nicht ausstehen!«

August Kubizek zuckte mit den Schultern. Was ließ sich dazu sagen?

»Gustl«, sagte Adi. »Gustl – so hört er sich etwas erträglicher an …«

Gustl nickte gutmütig.

Adi erfuhr noch mehr: dass Gustl der einzige Sohn, seine Mutter eine gebürtige Tschechin und sein Vater Tapezierer war. Und dass Gustl als Tapezierergeselle in der Werkstatt seines Vaters arbeitete. Die sollte er später einmal übernehmen.

Aber diesen Beruf habe er nur seinen Eltern zuliebe erlernt. Seine ganze Liebe gelte der Musik. Als Neunjähriger habe er eine Geige geschenkt bekommen, ein Nachbar habe ihm Stunden gegeben, später sei er Schüler der Linzer Musikschule geworden, habe dort auch Musiktheorie gelernt und sei zu einem guten Bratschisten ausgebildet worden.

Auch Adi verriet nun seinen Namen. Darüber hinaus aber nur so viel: Nicht berufstätig. Bei der Mutter lebend. Gustl wagte nicht, nach mehr zu fragen. Sie verabredeten sich für den nächsten Tag zum Bummeln auf der Landstraße.

Es blieb nicht bei dem einen Treffen. Von nun an waren sie oft zusammen, nicht nur im Theater oder beim Bummeln. Es wurde eine merkwürdige, ziemlich holperige Freundschaft. Aber sie brauchten einander: Adi sehnte sich nach einem nickenden Zuhörer und kritiklosen Bewunderer, Gustl nach einem Menschen, mit dem er sich auch mal über etwas anderes als »Aufkrempelung«, »Schwarzmehlkleister« und »präparierte Makulatur« unterhalten konnte. Vor allem über Musik.

Gleich beim zweiten oder dritten Treffen ärgerte sich Adi über Gustls Unpünktlichkeit. Als der nicht zur festgesetzten Zeit am Treffpunkt erschien, steuerte er mit langen Schritten in die Werkstatt der Kubizeks.

»Was ist denn los?«, herrschte er Gustl an. »Es ist doch schon fünf! Schon zehn Minuten drüber!«

Und er schwang sein Ebenholzstöckchen mit dem Elfenbeingriff.

»Ich muss den Ohrenstuhl da erst noch fertig machen«, sagte Gustl betroffen. »Er wird noch heute Abend abgeholt.«

Gustl roch nach Leimwasser. Adi rümpfte die Nase.

»Wie lange dauert's denn noch?«, fragte er ungeduldig.

»Eine halbe Stunde mindestens«, antwortete Gustl kleinlaut.

»Das kann doch dein Vater übernehmen!«

»Der ist noch unterwegs. Mit drei Sofas. Der kommt nicht vor acht heim.«

»Warum hast du dann fünf Uhr mit mir abgemacht?«, fragte Adi erbost.

Gustl seufzte. »Gestern hab ich noch nicht gewusst, dass das Sofa bis heute Abend fertig sein muss. So ist das eben manchmal beim Handwerk. Man muss ja froh sein, wenn Aufträge hereinkommen. Die Kundschaft verzeiht es einem nicht, wenn man Zusagen nicht einhält. Hast du denn noch nie in Arbeit gestanden?«

Adi verneinte schroff und fügte hinzu: »Unter solchen Zwängen könnte ich nicht leben.«

Gustl unterbrach seine Arbeit und starrte Adi verblüfft an: »Und wer zahlt dir dann das Essen und die Miete?«

Adi beantwortete seine Frage nicht. Er ließ sich nicht unterbrechen und begann mit großen Gesten zu reden.

»Sklave eines Brotberufes sein? Ich nicht! Ich brauche meine Freiheit. Ich muss zugreifen können, wenn mir eine Idee kommt, muss mich spontan mit ihr beschäftigen können, muss bereit sein für sie! Und glaub mir – ich habe *viele* Ideen! Ein Brotberuf ist nur etwas für die ideenlose Masse, die Herde, die einen Führer braucht.«

Gustl schluckte und schwieg. Als sich Adi in einen der in der Werkstatt herumstehenden Sessel warf, die Beine übereinander schlug und ungeduldig sein Stöckchen kreisen ließ, setzte Gustl mehrmals zu Fragen an, stellte sie dann aber doch nicht. Offensichtlich fürchtete er, damit seinen neuen Freund noch mehr zu verärgern.

Ja, Adi war klar, dass er Gustl verstört hatte. Aber so ein Tapezierergeselle hatte eben noch viel zu lernen. Er würde ihn schon noch umkrempeln! Dass das nicht ohne Verstörtheit abgehen konnte, lag auf der Hand.

Eine Stunde später bummelten sie am Café Baumgartner vorbei. Hinter dessen Scheiben konnten sie die vielen plaudernden, Kaffee trinkenden, flirtenden jungen Leute sitzen sehen. Wie in einem Schaufenster.

»Schau dir das an!«, rief Adi und deutete mit dem Stöckchen ins Innere des Cafés. »Eine einzige Ansammlung von Faulenzern! Herausholen müsste man sie! Jedem einen Spaten in die Hand drücken und dann ab ins nächste Hochmoor, Torf stechen! Mit so einem Drohnendasein müsste ein für alle Mal aufgeräumt werden. Im ganzen Land!«

»Aber du –«, sagte Gustl verblüfft, brach dann den Satz ab und zog es vor zu schweigen. Er warf Adi einen Blick aus den Augenwinkeln zu, den Adi auffing.

»Was ist?«, fragte er barsch.

»Manche von denen werden sicher schon einen festen Beruf, ein sicheres Einkommen haben«, wagte Gustl zu behaupten.

Adi zuckte nur mit den Schultern. Nicht der Mühe wert, auf diesen Einwand zu antworten.

»Und du?«, fragte Gustl plötzlich.

Adi grinste. »Diese Frage hat dich fast zersprengt, was? Gib's zu! Wenn du sie nicht herausgelassen hättest, wärst du geplatzt.«

»Gehst du noch zur Schule, Adi?«

Jetzt platzte *Adi.* Er blieb stehen und fuchtelte mit den Händen.

»Schule?«, rief er so laut, dass sich die Passanten nach ihm umdrehten. »Schule? Mit der hab ich Schluss gemacht! Die geht mich nichts mehr an. Mit der hab ich absolut nichts mehr zu tun, weder jetzt noch später, jawohl! Komm mir ja nicht noch einmal mit der Schule!«

»Nicht so laut!«, flüsterte Gustl erschrocken.

»Nicht so laut?«, fuhr Adi noch lauter fort. »Das kann und soll jeder hören: In der Schule werden die Kinder doch nur zum Nicht-Nachdenken, nur zu kritiklosen Nachbetern herkömmlicher Meinungen erzogen, zu braven Staatsbürgern dieser maroden Monarchie! Jedes selbstständige Denken ist unerwünscht, jede geniale Idee wird im Keim erstickt! Ich hasse alle meine ehemaligen Mitschüler! Und wenn ich einem Professor begegne, den ich mal hatte, grüße ich ihn längst nicht mehr!«

Gustl starrte Adi entsetzt an.

»Ja, da staunst du, was?«, sagte Adi höhnisch und wischte sich mit seinem blütenweißen Taschentuch den Schweiß von der Stirn. »So eine Ansicht hast du noch nicht gehört. Du bist halt auch einer von denen, die die Schule kleingekriegt hat. Denen sie alle Träume ausgeätzt hat.«

»Das ist nicht wahr«, sagte Gustl leise, aber bestimmt. »Ich träume noch.«

»Und wovon, bitte schön? Von einer noch größeren Tapezierwerkstatt, oder was?

»Nein«, sagte Gustl noch leiser und senkte den Kopf. »Ich träume davon, Musiker zu werden.«

Adi sah ihn erstaunt an. »Aber du *hast* doch schon gewählt! Du *hast* doch schon einen Beruf!«

Gustl nickte traurig. »Trotzdem kann ich doch noch träumen – oder?«

»Du brauchst es ja nicht beim Träumen zu belassen«, sagte Adi eifrig. »Wo ein Wille, da ein Weg. Du musst dich nur hartnäckig auf das Ziel konzentrieren und darfst es dir von niemandem ausreden lassen, hörst du? Und dann musst du dich stur auf den Weg machen ...«

»Das geht nicht«, sagte Gustl. »Das kann ich meinen Eltern nicht antun.«

»Nicht antun, nicht antun!«, äffte ihn Adi nach. »Wer etwas Großes vorhat, darf sich nicht mit Lappalien aufhalten, mit diesen ewigen kleinkarierten Vorurteilen gegen die Kunst!«

Gustl stand mit gesenktem Kopf und blieb stumm.

»Komm«, sagte Adi und schob ihn in eine Seitengasse hinein. Die war so gut wie leer. Mit verheißungsvollem Gesicht zog er ein kleines schwarzes Heft aus der Tasche und blätterte es auf.

»Jetzt wirst du staunen«, sagte er.

Gustl, noch ganz verstört, hob den Kopf.

Adi schaute sich um, schaute an den Fassaden der Häuser hinauf. Niemand näherte sich, niemand lehnte sich aus einem Fenster, die Luft war also rein. Er beugte sich über das Heft und las Gustl mit verhaltener, aber eindringlicher Stimme und begleitenden Gesten ein Gedicht vor.

Dann Stille.

Nach einer Weile wagte Gustl zu fragen: »Hast *du* das geschrieben?«

Adi nickte feierlich. »Daheim habe ich noch viel mehr davon. Alles aus meiner Feder!«

Mit Genugtuung erkannte er, dass Gustl zutiefst beeindruckt war: Er hatte einen Dichter-Freund!

»Tja, Gustl«, sagte Adi *noch* feierlicher, »so ist es: Ich habe vor, mein Leben der Kunst zu weihen. Ein Brotberuf kommt für mich nicht in Frage, denn ich bin dazu bestimmt, zu dichten, malen, zeichnen, Gebäude zu entwerfen, also Ideen zu haben und diese in Form zu bringen. Ich gehöre der Gattung der besonderen Menschen an, die der Schönheit dienen und sich Künstler nennen!«

Er sah, wie Gustl vor Ergriffenheit erschauerte. Und er spürte, dass dieser kleine Tapezierer mit einfacher Volksschulbildung, dieser Niemand, ungeheuer stolz darauf war, von einem angehenden Künstler, dem sicher dereinst großer Ruhm gewiss sein konnte, zum Freund auserkoren worden zu sein.

Gustls Mutter:

Was hat nur dein Freund
für Augen!

August Kubizek:
Adolf Hitler, mein Jugendfreund, S. 29

Die Freundschaft hielt nur, weil Gustl so nachgiebig und gutmütig war. Adi bestimmte die Gesprächthemen, die Treffzeiten und -punkte, das Programm ihrer gemeinsamen Unternehmungen, und Gustl fügte sich, obwohl er neun Monate älter als Adi war.

Einmal führte Adi Gustl vor, wie er mit Menschen umzugehen pflegte, die er nicht ausstehen konnte, vor allem mit solchen, die noch zur Schule gingen.

Als sie gerade in die Landstraße einbogen, kam ihnen ein ehemaliger Mitschüler Adis entgegen. Er erkannte Adi und eilte lächelnd auf ihn zu.

»Servus, Adi!«, rief er. »Lange nicht gesehen!«

Er fasste Adi am Jackenaufschlag und fragte: »Wie geht's denn so?«

Adi spürte, wie ihm die Wut das Blut in den Kopf trieb. Er trat so schroff zurück, dass der andere ihn loslassen musste, sagte finster: »Das geht dich einen Dreck an!«, ließ ihn stehen und ging weiter.

Gustl war baff. Adi zog ihn mit sich fort.

»Aber Adi«, sagte Gustl, »der hat dir doch gar nichts getan!« Er drehte sich um. »Jetzt steht er da wie ein begossener Pudel. Schau …«

Adi drehte sich nicht um. »Hast du dir den gut angesehen?«, knurrte er. »Auch so ein Kleingeist, so ein Nichts.« Er zerrte Gustl weiter, immer noch mit glühendem Gesicht. »Alles künftige Staatsdiener. Beamte. Und mit solchen Kreaturen bin ich in einer Klasse gewesen!«

Gustl stolperte verstört dahin und war an diesem Tag als Zuhörer nicht zu gebrauchen.

Ja, Adi pflegte auszusprechen, was Gustl kaum zu denken wagte. Er schrie es den Menschen geradezu in Gesicht, gleichgültig, ob sie es hören wollten oder nicht. Er fragte nicht danach, ob es sie schockierte.

Gustl kam aus dem Staunen gar nicht mehr heraus. So eine Kühnheit!

»Aber wenn du die Schule und die Bürgerlichkeit der Leute so verachtest und gegenüber den Ansichten der Erwachsenen so misstrauisch bist«, fragte er Adi, »warum ist dir dann dein Äußeres so wichtig? Die Bügelfalten, die Krawatte, das schwarze Stöckchen? Äußerlich wirkst du wie ein typischer Schüler oder Student. Das passt doch nicht zusammen!«

Auf diese Frage war Adi nicht gefasst. Sie brachte ihn aus dem Konzept und deshalb in Wut.

»Du meinst also«, schnaubte er, »ich würde halt letzten Endes doch gern so sein wie die? Darauf aus sein, bei denen was zu gelten?«

»Aber nein, aber nein«, wehrte Gustl bestürzt ab. »Nur, ich bringe das nicht zusammen!«

»Nichts verstehst du«, grollte Adi. Gustl hatte einen seiner wunden Punkte getroffen, und er wusste, dass Gustl das gemerkt hatte. Der Freund hatte es gewagt, hinter sein Visier zu spähen!

Gustl zog es vor, es bei diesem schroffen »Nichts verstehst du!« zu belassen. Ja er bereute es, wie es Adi schien, dass er seine Gedanken zu dessen Aufmachung geäußert hatte. Recht so. Adi nickte zufrieden: Er, Adi, war in diesem Freundschaftsverhältnis der Bestimmer, der Führende, auch wenn er der Jüngere war. Und Gustl hatte sich ihm anzupassen. Kritik stand ihm nicht an. Ja, nicht einmal Zweifel sollten ihm erlaubt sein, Zweifel an Adis Meinungen und Verhalten. Und Adis Launen, Adis Wutanfälle hatte er, bitte schön, klaglos zu ertragen, sonst war er Adis Freundschaft nicht wert!

Nein, er konnte wirklich niemanden in seiner Umgebung brauchen, der seinen Jähzorn noch aufheizte. Gustl lernte schnell. Adi merkte sehr wohl, dass Gustl von Mal zu Mal mit seinen Wutanfällen gelassener umging. Die endeten bald so schnell, wie sie kamen, denn Gustl gab immer nach. Adis Gereiztheit stieß dann ins Leere.

Einmal hielt Adi einen langen, lebhaften Vortrag über eine nach seiner Meinung ungerechte Steuer, die an der Donaubrücke erhoben wurde. Seine Ausführungen unterstrich er mit wildem Gefuchtel, wobei er Gustl immer näher kam.

Der schien eifrig zuzuhören. Jedenfalls nickte er immer wieder. Aber auf einmal merkte Adi, der ihn beim Reden anzustarren pflegte, dass er ein Gähnen unterdrückte.

»Du gähnst ja!«, herrschte er ihn an. »Wie kannst du dabei nur gähnen!«

»Ich habe nicht viel Schlaf gehabt«, verteidigte sich Gustl schuldbewusst.

»Es geht doch hierbei um Probleme, die unbedingt wachmachen!«

»Ich bin so müde«, seufzte Gustl verstört, »dass ich auch nicht wach würde, wenn mir verkündet würde, ich hätte das Große Los gewonnen.«

»Ach was«, schimpfte Adi. »Dich interessiert's nicht, was für Gedanken ich dazu habe. Da verausgabt man sich, zeigt die Hintergründe auf, stellt Zusammenhänge her, entwickelt Konzepte – und erntet dafür nichts als Schläfrigkeit!«

So lief es nicht selten. Gustl hatte ja meistens – das musste man zu seiner Entschuldigung sagen – schon einen harten Arbeitstag hinter sich, wenn sie sich trafen. Aber wie konnten ihn die Steuer an der Brücke oder die Straßensammlung für eine Wohltätigkeitslotterie oder die Notwendigkeit eines Theaterneubaus nicht interessieren? Diese Probleme konnten doch keinen Menschen, der fähig war, über seinen Tellerrand zu schauen, gleichgültig lassen!

Nun ja, er durfte sich den Gustl nicht vergrätzen. Der war ja sein einziger Zuhörer.

»Ist dir das alles wirklich piepegal?«, fragte er ihn einmal vorwurfsvoll.

»Dich beschäftigt und beunruhigt eben *alles*«, seufzte Gustl. »Auf alle Probleme, denen du begegnest, wirfst du dich mit voller Wucht. Das schafft nicht jeder.«

»Da hast du Recht«, pflichtete ihm Adi bei. »Das schafft nur ein sehr starker Charakter, eine außergewöhnliche Persönlichkeit.«

»Und deine Mutter? Begreift sie denn, was dich treibt?«

»Nein«, sagte Adi. »Aber sie liebt mich ja.«

Adi nahm Gustl nur selten mit heim, obwohl ihn die Mutter mochte. Das hatte Adi sofort gemerkt. Er konnte sich denken, was in ihrem Kopf vorging. Sicher machte sich dort der tröstliche Gedanke breit: Der wird einen guten Einfluss auf meinen Adi haben …

Er zeigte Gustl seine Skizzen und Aquarelle. Es tat ihm wohl, als Gustl sie bestaunte, die Säulen, Tore, Türen, das Stillleben und die vielen Gebäude. Paula wollte auch dabei sein, aber Adi schob sie aus seinem Zimmer hinaus.

Gustl nahm Adi auch manchmal zu *seinen* Eltern mit. Adi merkte zufrieden, dass sein tadelloses Äußeres den Tapezierer und dessen Frau beeindruckten. Und seine Art zu reden auch. Er wusste, dass er solchen Leuten gegenüber bescheiden tun musste, um zu gefallen.

Trotzdem – so ganz für sich eingenommen hatte er sie nicht. Vor allem Gustls Mutter sah ihn manchmal so merkwürdig an, Blick in Blick. Was hatte sie nur? Was störte sie an ihm?

Nun ja, sie war ja nur eine ganz einfache Frau, noch dazu eine Tschechin. Ob sie überhaupt die Volksschule zu Ende besucht hatte?

Einmal, im zweiten oder dritten Monat ihrer Freundschaft, offenbarte Adi Gustl seine Göttin Stefanie.

Sie begegneten ihr auf einem Bummel. Adi starrte sie an und vergaß alles um sich herum. Sie schwebte an ihm vorbei, und er sah ihr sehnsüchtig nach. Er hatte es aufgegeben, sie daheim aus der Erinnerung zu zeichnen, sie so in die Realität zu bannen, wie er sie in seinen Träumen sah. Sie entzog sich ihm: Alle seine Skizzen waren ihr nicht ähnlich, gleichgültig, ob er sie als Kriemhild, als Rheintocher, Walküre, Märchenprinzessin, Senta, Elsa oder Edeldame dargestellt hatte.

Diese Stefanie-Bilder hatte er Gustl natürlich nicht gezeigt. Noch nicht.

Aber in seinen Gedichten kam ihre ganze Schönheit voll zur Geltung. Da hatte er mit Worten gemalt!

In einem dieser Texte hatte er Stefanie als Burgfräulein in einem weiten, dunkelblauen Samtkleid auf einem Schimmel über eine Blumenwiese reiten lassen, umhüllt von ihrem langen, offenen Blondhaar. Der Text war voll Frühling vor himmelblauem Hintergrund. »Hymnus an die Geliebte« hatte er ihn genannt.

»He, Adi!«, hörte er Gustls Stimme irgendwo aus der Ferne tönen.

Langsam kam er zu sich, tauchte er aus der Welt der Träume wieder in die Wirklichkeit auf. Vor ihm erschien Gustls grinsendes Gesicht.

»Grins nicht!«, fuhr Adi ihn an.

Gustl grinste nicht mehr. »Magst du sie?«, fragte er behutsam, hakte ihn unter und führte ihn weiter.

»Mögen«, sagte Adi, Verächtlichkeit in der Stimme. »Was für ein armseliges Wort.«

Gustl wagte sich weiter vor. »Hast du schon einmal mit ihr geredet?«

Adi musste den Kopf schütteln.

»Ist sie denn noch frei?«

Adi hatte sie manchmal in Begleitung eines jungen Mannes gesehen. Den hasste er natürlich. Dass er es wagte, sich ihr zu nähern! Ihr, die doch für ihn, Adi, bestimmt war! Frei!? Natürlich musste sie noch frei sein. Niemand außer ihm konnte diesen Traum an sich binden!

»Jetzt äußere dich doch mal ganz konkret dazu!«, sagte Gustl. »Du musst doch wissen, ob –«

Adi hob die Schultern, und Gustl ließ verblüfft den Unterkiefer hängen. Das war ja nicht zu fassen!

Gustl wurde aktiv. Er bekam heraus, dass Stefanies Vater, ein höherer Regierungsbeamter, vor zwei Jahren gestorben war, dass ihre Mutter eine stattliche Witwenpension bezog, dass Stefanie zwei Jahre älter als er war und die Matura schon hinter sich hatte, dass der junge Mann, den Adi manchmal in Begleitung seines Traum-Mädchens gesehen hatte, Stefanies älterer Bruder war, der in Wien Jura studierte. Und dass Stefanie noch nicht verlobt sei.

Adi fühlte sich ungeheuer erleichtert. Nur *eine* Nachricht irritierte ihn: Gustl wollte herausbekommen haben, dass Stefanie gern tanzte.

»Tanzen!«, stammelte er fassungslos. »Sie!«

Tanzen, rauchen, flirten, im Wirtshaus sitzen – widerliche Vorstellungen für Adi. Seit jener Zeugnisgeschichte in Steyr gehörte auch das Biertrinken dazu. In nüchternem Zustand hätte er doch damals nie … Trotz aller Wut auf die Schule.

Gustl verstand wieder mal etwas nicht. »Dein Vater hat doch sicher auch gern getanzt«, gab er zu bedenken.

»Mein Vater ist für mich kein Vorbild«, knurrte Adi.

»Hat denn deine Mutter was gegen das Tanzen?«

Nein, die hatte in ihren jungen Jahren ebenfalls getanzt.

»Na also«, sagte Gustl. »Lern's halt auch!«

»Auf einer so niedrigen Ebene werde ich mich *nie* bewegen!«, brauste Adi auf.

»Aber die Stefanie tanzt doch auch!«

»Weil sie muss, Gustl, weil sie muss! Die Gesellschaft zwingt sie dazu! Und von der ist sie leider abhängig, als Mädchen. Später, wenn sie meine Frau sein wird, wird sie das Treiben in den Ballsälen verachten!«

Sich Stefanie in den Armen so eines Hohlkopfes, so eines Leutnants oder Oberleutnants durch den Ballsaal wiegend und walzend vorzustellen! Adi bekam einen Tobsuchtsanfall, wenn seine Gedanken dieses Bild auch nur streiften. Also vermied er es, daran zu denken. Er winkte unwillig ab, als Gustl vorsichtig davon zu reden begann, dass doch die Harmonie zwischen Musik und körperlicher Bewegung etwas sehr Schönes sein könne. Und dass auch ein Teil der Wirkung großer Opern – ja, auch der Wagner-Opern! – auf dieser Harmonie beruhe.

»Ach schweig doch!«, schrie ihn Adi an. »Was weißt denn du von Stefanie! Aber *sie* versteht mich. Sie ja!«

»Wie du meinst«, sagte Gustl ergeben. »Ich komm da nicht mit. Mir ist das zu hoch.«

Als Adi heimkam, saß Angela mit der Mutter zusammen in der Küche. Paula war ausnahmsweise nicht dabei. Die war doch sonst immer ganz erpicht auf Angela! Wenn Angela auf Besuch kam, wich Paula nicht von ihrer Seite. Die große, die angebetete Schwester!

»Wir haben sie zum Spielen geschickt«, erklärte die Mutter, ungewöhnlich lebhaft und positiv gestimmt. »Angela musste mir nämlich etwas erzählen, was für ihre Ohren noch nicht bestimmt ist.«

Angela lachte übers ganze Gesicht und zeigte auf ihren Bauch.

Adi verstand nicht, was sie meinte.

»Großer Gott, bist du schwer von Begriff!«, rief sie und lachte schallend. »Im Herbst wirst du Onkel!«

Refrain eines Liedes der Hitlerjugend:

Führer, gib die Marschbefehle,
die uns kein Zweifel bricht:
Leuchtend steht vor unsrer Seele
Deutschland groß im Morgenlicht!

Längst wusste Gustl, dass Richard Wagner Adis Lieblingskomponist war – seit damals, als er mehr oder minder durch Zufall mit zwölf Jahren den »Lohengrin« gesehen hatte. Und natürlich hatte Gustl auch längst – ja schon seit dem ersten Tag – spitzgekriegt, dass er nur das Thema »Wagner« anzuschneiden brauchte, sooft es in ihrer Freundschaftsbeziehung blitzte und krachte. Über diese Brücke fanden sie immer wieder zusammen. Das wussten beide, und sie wussten es gern.

Auch Gustl war ein Wagner-Verehrer. Dieses Gesprächsthema war unerschöpflich. Gustl verstand mehr von der Musik, Adi mehr vom Text.

Adi lieh sich aus allen Linzer Büchereien Werke zum Thema »Richard Wagner«. Mit fieberndem Herzen las er sich in das Leben des Komponisten hinein, eignete sich das Wesen Richard Wagners so an, als wollte er mit ihm zusammenschmelzen.

»Siehst du«, sagte er triumphierend zu Gustl, »ihm ist es genauso ergangen wie mir. Sein ganzes Leben lang ist er nicht verstanden worden.«

»Du bist noch keine siebzehn«, sagte Gustl, nun schon etwas forscher. »Er ist siebzig Jahre alt geworden. Das lässt sich doch nicht vergleichen.«

Wagner war schon über zwanzig Jahre tot, aber noch immer tobte der Kampf zwischen den Wagner-Anhängern und den Wagner-Ablehnern. Adi kämpfte leidenschaftlich für den Meister, und Gustl mit ihm. Diese Einheit von Dichtung und Musik war doch etwas völlig Neues! Etwas, was man sich vorher kaum hatte vorstellen können!

»Wir haben das Glück«, jubelte Adi, »die Geburtsstunde einer neuen deutschen Kunst mitzuerleben!«

Jedes Mal, wenn eine Wagner-Aufführung angekündigt wurde, gerieten die beiden in Ekstase und zählten die

Tage. Und dann, und dann: Was für eine Wonne, diese Wagner-Atmosphäre! Adi gab sich der Illusion willig hin, alle Pannen verzeihend. Auch wenn die Kulisse, langsam aus dem Schnürboden herabgelassen, mit der Beschwerungsstange irgendwo hängen blieb und dann mit Getöse in die heroischste Szene herabplumpste. Auch wenn deshalb Unruhe im Zuschauerraum aufkam – Adi verzieh alles, sogar, dass die Felsenlandschaft bei jedem Schritt wackelte.

Und Gustl mit ihm.

Einmal aber gerieten sie während einer Wagner-Oper aneinander, einer »Lohengrin«-Aufführung. Adi nahm zwar hin, dass sich Gustl, der sonst so Angepasste, über das Zwanzig-Mann-Orchester erregte.

»Zwanzig Mann für eine Wagner-Oper!«, flüsterte er Adi immer wieder ins Ohr. »Das ist ja, als ob man ihn verhöhnen wollte!«

In dieser Sache konnte ihm Adi ja noch beipflichten. In der Wiener Hofoper war das Orchester bei einer Wagner-Oper sicher zehnmal so stark besetzt!

Aber dann, als Lohengrin durch die Ungeschicklichkeit eines Bühnenarbeiters aus dem Kahn fiel und – ziemlich verstaubt – wieder in das wackelige Boot hineinklettern musste, da *lachte* Gustl!

»Lach nicht!«, zischte ihm Adi erbost zu.

»Aber die lachen doch alle«, flüsterte Gustl erschrocken zurück. Und dann musste er noch einmal losprusten.

»Wie *kannst* du nur!«, fuhr ihn Adi an.

»Sogar Elsa lacht«, flüsterte Gustl betreten und vergrub sein Gesicht im Taschentuch.

»Du hast mich sehr enttäuscht«, grollte Adi nach dem Schluss des letzten Aktes. »Wie kann man sich nur in einer Wagner-Oper so gehen lassen! Lohengrin und Lachen –

das passt doch nicht! Dieses Gelächter hat alles kaputtgemacht. Wenn ich hier die Regie hätte, ich würde die Elsa rausschmeißen! Noch heute!«

»Ach Adi«, sagte Gustl, »hast du überhaupt jemals schon mal so richtig gelacht?«

»Du schweifst ab«, sagte Adi finster. »Wir sind bei Wagner.«

Aber Gustl war der Meinung, irgendwie hänge alles zusammen. Ohne Heiterkeit kein Ernst. Und ohne Humor sei das Leben doch wirklich ohne Würze.

Adi gab keine Antwort mehr. Erst auf dem Heimweg kamen sie wieder ins Gespräch. Natürlich über Richard Wagner.

Ja, seine Werke waren dazu angetan, denen, die sie genossen, die Brust mit Selbstwertgefühlen und Heldenmut zu füllen! Sich selbst als Monument empfindend, schritt Adi neben Gustl her und verachtete die niedrige Welt rings um ihn. Nein, er war kein Irgendwer. Noch war er gezwungen, auf den Zeitpunkt für seinen Einsatz zu warten, noch wusste die Welt nichts von seiner Sendung, noch musste er sich mühsam dahinquälen in einem armseligen Leben, das viel zu kleinformatig für ihn war. Musste sich demütigenden Zwängen beugen, musste es ertragen, nicht gewürdigt, nicht mit Jubelrufen aus der Masse emporgehoben, nicht mit Lorbeer bekränzt zu werden, musste die undankbare Rolle des Unerkannten spielen.

Ein Geratter schreckte ihn aus seinen Gedanken auf und verdrängte die hehren Gefühle.

»Mensch, Adi«, sagte Gustl und zog ihn am Ärmel, »schau dort – ein Benziner!«

Unmutig warf Adi einen Blick in die Richtung, in die Gustl zeigte. Wegen einer Unwichtigkeit war er aus seinen

Träumen herausgerissen worden, wegen so eines neumodischen Wagens, der sich ihnen in der atemberaubenden Geschwindigkeit von zwanzig Stundenkilometern näherte! Sicher saß ein reicher Schnösel am Steuer, der sich so ein Ding nur leistete, um den Weibern zu imponieren!

Es lohnte sich nicht hinzuschauen.

»Wenn Lohengrin *heute* leben würde«, hörte er Gustl sagen, »käme er wahrscheinlich in einem Automobil.«

Auch *das* noch!

»Vorsicht!«, rief Gustl und riss an Adis Arm.

Da rauschte der Wagen auch schon vorüber, mitten durch eine große Pfütze, und Adis Hosenbeine hatten den ganzen Schwall der braunen Soße abgekriegt.

Adi und Gustl träumten davon, einmal nach Bayreuth zu fahren, Haus Wahnfried zu sehen, das Grab Richard Wagners zu besuchen und in dem Bühnenhaus seine Werke zu erleben, das er selbst entworfen hatte. Bayreuth, Wallfahrtsort für jeden Deutschen, der noch deutsche Gefühle hegte! Bayreuth, wo Deutschtum und Kunst zusammengeronnen und eine weit über die Grenzen des Reiches strahlende Einheit geworden waren!

Aber diese Sehnsucht gehörte auch in die Träume.

Adi konnte ganze Passagen aus Wagners Schriften auswendig hersagen, er schilderte Gustl die Flucht des jungen Revolutionärs Wagner, seine Verbannungszeit, seine Zeit unter dem Schutz des Bayernkönigs Ludwig II., seine Fahrt über das Skagerrak, auf der ihm die Idee zum »Fliegenden Holländer« gekommen war, und dann die letzte Fahrt nach Venedig. Was für ein Auf und Ab in diesem Leben. Ach, er fühlte sich ihm immer wieder so nah, so verwandt!

Gustl wagte, leise Bedenken anzumelden.

»Aus der Nähe besehen«, meinte er, »muss Wagner nicht gerade leicht zu ertragen gewesen sein. Wie er den armen König Ludwig angeschnorrt und ausgesaugt hat! Und arrogant und rechthaberisch ist er gewesen! Und –«

»Aber denk doch an die unsterbliche Größe seines Werkes!«, rief Adi empört. »Wer so Großes schafft, darf ein Ekel sein!«

Gustl ließ sich überzeugen. Das leuchtete ihm ein: Große Menschen sind so beansprucht von ihrer genialen Tätigkeit, dass sie sich nicht noch damit beschäftigen können, gut zu sein und Gutes zu tun. Und überhaupt: Genies lassen sich nicht in Schablonen pressen.

Wunderbare deutsche Sagenwelt, von Wagner vertont. Darin brauchte Adi nicht mehr der kleine, verkrachte Realschüler zu sein, der seiner Mutter auf der Tasche lag. Hörte und sah Adi Wagner-Opern, war er selbst der strahlende Lohengrin, der starke Siegfried, der Fliegende Holländer im Rampenlicht, der alle Blicke auf sich zog und mit seinem Schwert Schicksale entschied.

Die Sentas, Evas, Elsas oder Brünhilden aber waren für ihn immer nur Stefanie, die Traumgestalt, die Unerreichbare.

Das wusste Gustl nicht. Vielleicht ahnte er es?

Eine Wagner-Oper hatte es ihm und Gustl besonders angetan: Rienzi. Eine für Heldenverehrer hinreißende Geschichte, in die sich Adi hineinsteigerte, und Gustl mit ihm: Das Volk von Rom in Versklavung, die Männer zum Frondienst gezwungen, die Frauen geschändet von den Mächtigen, den Nobili. Aber schon naht Rienzi, der Held und Befreier. Er besiegt die Nobili, die ihm nun huldigen. Die befreiten Massen jubeln ihm zu, erklären sich zu *seinem* Volk. Er selbst will nicht König genannt werden, sondern Volkstribun. Er will sein Volk groß und frei machen. Aber schon droht eine Verschwörung. Sie wird rechtzeitig aufgedeckt, Rienzi lässt Gnade walten.

Nun hetzen die Nobili das Volk gegen ihn auf – mit Erfolg. Seine Getreuen verlassen ihn.

Atemlos lauschten Adi und Gustl dem Gesang des Rienzi:

»… verlässt mich auch das Volk,
das ich zu diesem Namen erst erhob,
verlässt mich jeder Freund,
den mir das Glück erschuf …«

Die Verräter wollen Rienzi in einem Aufstand töten. Adi fiel es wie Schuppen von den Augen, als er hörte:

»Der Pöbel, pah!
Rienzi ist's, der ihn zu Rittern macht;
nimm ihm Rienzi, und er ist, was er war.«

Adi nickte heftig. Ja, so ist es: Es kommt nur auf den Führer an! Von ihm hängt es ab, ob er das Volk groß macht oder in den Untergang führt! Das Volk ohne Führer ist nichts als armselige, dumpfe Masse, keiner höheren Regung und keines gemeinsamen Willens fähig. Keiner Bündelung der Kraft, der Energie, der Macht.

Rienzi spricht noch einmal von seinem Balkon herab zur erregten Menschenmenge:

»Oh sagt, wer macht euch groß und frei?
Gedenkt ihr nicht des Jubels mehr,
mit dem ihr damals mich begrüßt,
als Freiheit ich und Frieden gab?«

Weiter kommt er nicht, denn schon stürmen alle auf das Haus zu, zünden es an.

Nein, dachte Adi mit glühenden Wangen, nicht Freiheit und Frieden, sondern Freiheit und *Macht!*

Rienzi muss erkennen, dass Verrat aus den eigenen

Reihen seinen Untergang bewirkt. Bevor er umkommt, verflucht er das Volk, dem er alles gegeben, für das er alles getan hat. Es ist seiner nicht würdig!

»Verflucht, vertilgt sei diese Stadt!

Vermodre und verdorre, Rom!

So will es dein entartet Volk!«

Ein Prospekt, mit züngelnden Flammen bemalt, sank herab, Rienzi verschwand dahinter, die Oper war aus, es wurde hell.

Adi und Gustl blinzelten sich mit verquollenen Augen an, sie waren beide zutiefst erschüttert. Gerade *diese* Wagner-Oper hatten sie noch nie gesehen, und Adi hatte sich für »Rienzi« auch nicht so sehr interessiert, da es darin ja um Römer ging, nicht um nordische Helden.

Nun hatte ihn »Rienzi« ins Herz getroffen.

Tief bewegt verließen sie zusammen das Theater. Beiden war klar: Jetzt konnten sie noch nicht heimgehen, konnten sie noch nicht wieder eintauchen ins Profane des häuslichen Miefs. Seite an Seite wanderten sie aus der Stadt hinaus, den Freinberg hinauf.

Sonst war es immer Adi, der nach einer gemeinsam besuchten Aufführung zuerst zu reden begann und dann auch meistens gleich ein schroffes Daumen-hoch- oder Daumen-runter-Urteil fällte.

Diesmal schwieg er. Vornübergebeugt, die Hände in den Manteltaschen, stapfte er durch die Nacht, ohne sich um Gustl zu kümmern.

»Na?«, wagte Gustl zu fragen, als sie den Freinberg schon fast erklommen hatten. »Wie fandest du's?«

»Schweig!«, fuhr ihn Adi an. Gustl zog den Kopf ein.

Stumm stolperten sie bis auf den Gipfel, starrten in die Sterne. Unter ihnen lag die Stadt im Nebel. Es war eine unangenehm feuchte, kalte Winternacht.

Adi seufzte tief. Nach einer Weile seufzte auch Gustl. Aus ihren Mündern stieg weißer Atem.

Plötzlich packte Adi Gustls Hände, die der gerade rieb und anhauchte, und stieß heiser hervor: »Gustl, jetzt ist mir klar: Die Deutschen brauchen einen Führer!« Er hob den Kopf. »Einer muss diese Aufgabe übernehmen. Nur so kann unser Volk gerettet werden!«

Gustl war tief ergriffen. Erst nachdem Adi seine Hände wieder losgelassen hatte, putzte er sich verstohlen ein paar Speichelbläschen vom Mantelrevers.

Dann trotteten sie den Hang wieder hinunter. Schweigend. Bis Gustl sagte: »Du hast so heiße Hände. Ich glaub, du hast Fieber.«

Aber als sie in der Stadt ankamen, war auch Adi wieder abgekühlt. Mit knappen Worten verabschiedeten sie sich voneinander. Es war drei Uhr morgens.

Franz Jetzinger:

Den Führer Hitler
kennt nur,
wer den jungen
Hitler kennt.

Hitlers Jugend, S. 169

Im April des Jahres 1906 erhielt Adi – er war nun siebzehn Jahre alt – wichtige Post: eine Einladung seines Taufpaten, des Privatiers Johann Prinz und dessen Frau Johanna, sie zu besuchen.

Sie lebten in Wien, im 3. Bezirk.

Adi war wie elektrisiert. Eine Reise nach Wien! Wunderbar! Er ließ Hannitante und Mutter kaum Zeit, seine Kleider zur richten. Nicht nur seine Ausgehschuhe, sondern seine gesamte äußere Erscheinung brachte er auf Hochglanz, ließ sich die Haare schneiden und sein bescheidenes Lippenbärtchen modisch stutzen.

»Ich will auch mit nach Wien«, quengelte Paula.

Adi winkte ab. Was sollte so ein kleines, dummes Ding in Wien? Frauen hatten sowieso nicht zu reisen. Frauen gehörten nach Hause.

Die Mutter gab ihm noch Geld mit. Er sollte ja nicht den guten Prinzens auf der Tasche liegen, wo die doch schon Kost und Logis übernahmen!

Adi verabschiedete sich schon am Vorabend der Abreise von Gustl, denn der konnte nicht auf den Bahnhof kommen. Er war in der Werkstatt unabkömmlich.

»Hast *du* ein Glück«, seufzte er. »Nach Wien fahren können! – Du schreibst doch?«

Eine Ansichtspostkarte vom Wiener Konservatorium wollte er haben. Denn er träumte doch –

»Du weißt schon, wovon«, seufzte er. »In Wien studieren dürfen! Aufhören dürfen mit der Tapeziererei! Zu schön, um jemals wahr zu werden. Aber träumen darf man ja. Dafür hätt ich gern das Bild.«

»Du musst nur wollen!«, drängte Adi.

»Das brächte den Vater ins Grab«, sagte Gustl traurig. »Wo der sich doch sein ganzes Leben lang abgeschunden hat, die Werkstatt in Schwung zu bringen.«

»Dann werde ich mal ein bisschen nachhelfen«, sagte Adi wichtig.

Die Mutter und Paula brachten Adi zum Bahnhof.

»Und wann darf *ich* nach Wien?«, maulte Paula.

Adi hielt es nicht für nötig, ihr zu antworten.

»Wenn du so alt wie Adi bist«, tröstete sie die Mutter.

Paula rechnete nach. Sie war jetzt schon zehn Jahre alt. Adi war siebzehn. Also noch sieben Jahre musste sie warten – eine Ewigkeit!

Der Zug fuhr ein. Rußflöckchen rieselten aus dem Rauch, es roch nach Asche.

Adi stieg ein, schwer bepackt mit seinem Koffer und allerlei Mitbringseln für die Prinzens. Man wollte sich ja erkenntlich zeigen. Sie durften nicht den Eindruck bekommen, ausgenutzt zu werden, wo sie doch schon so freundlich gewesen waren, sich diesen jungen Mann aufzuhalsen. »So lange es dir bei uns gefällt«, hatte es in der Einladung geheißen.

»Länger als zwei Wochen kannst du unmöglich bleiben!«, hatte ihm die Mutter eingeschärft. »Das wäre ungehörig.«

Das sah er etwas anders. Er würde ja von morgens bis abends unterwegs sein. Er fuhr doch nicht nach Wien, um dort in Prinzens Wohnung Daumen zu drehen oder an den Erinnerungen der Prinzens an deren Jugendzeit teilzunehmen!

»Pass auf das Einmachglas mit der Blutwurst auf!«, rief ihm die Mutter nach. »Wenn es zerbricht, muss es weggeworfen werden, samt der Wurst, wegen den feinen Scherben. Das wäre schade.«

Aber Adi ließ den Ruf hinter sich verhallen, ohne zu antworten. Das waren Mutters Wichtigkeiten: die eingemachte Blutwurst, die Besuchsdauer – und ob der Scheitel korrekt gezogen war!

Obwohl bis zur Abfahrt des Zuges noch fünf Minuten blieben, öffnete Adi nicht mehr das Fenster seines Abteils, warf er keinen Blick mehr hinaus zu Mutter und Paula. Es gab ja doch nichts mehr zu sagen. Und auf zusätzliche Ermahnungen konnte er gern verzichten, davon hatte er schon genug mit auf den Weg bekommen. Gedankenverloren spielte er mit seinem Ebenholzstöckchen.

In seinen Gedanken weilte er schon in Wien und spazierte Stöckchen schwingend über den Ring.

Er hielt, was er Gustl versprochen hatte. Er schrieb ihm drei Karten aus Wien. Keine billigen. Sie machten schon was her.

Die erste Karte, im zusammenzuklappenden »Tryptichon«-Format, zeigte ein Panorama: WIEN, KARLSPLATZ VON DER TECHNISCHEN HOCHSCHULE AUS. Darauf zeichnete Adi einen Pfeil, der auf das Gebäude des Musikvereins wies, und schrieb dazu: KONSERVATORIUM. Er wusste, dass Gustl dieses Bauwerk immer wieder betrachten würde.

Auf die Rückseite schrieb er in lang gezogenen, schönen, geraden Buchstaben:

Diese Karte dir sendend, muß ich mich zugleich entschuldigen, daß ich solange von mir nichts hören lies. Ich bin also gut angekommen, und steige nun fleißig umher. Morgen gehe ich in die Oper in Tristan« übermorgen in »Fliegenden Holländer usw. Trotzdem ich alles sehr schön finde sehne ich mich wieder nach Linz. Heute ins Stadtteater. Es grüßt dich dein Freund

Er schrieb seinen Namen mit Schwung darunter und umrahmte ihn mit einem stattlichen Schnörkel. Artig, wie man es ihm in früheren Jahren beigebracht hatte, kritzelte er noch auf die Vorderseite der Karte:

Gruß an deine werten Eltern.

Eine zweite Karte an Gustl zeigte DIE BÜHNE IM K. K. HOFOPERNTHEATER. Dieser Karte gab Adi folgende Erkenntnisse mit:

Nicht erhebend ist das Innere des Palastes. Ist außen mächtige Majestät, welche dem Baue den Ernst eines Denkmales der Kust aufdrück, so empfindet man im Innern eher Bewunderung, den Würde. Nur wenn die mächtigen Tonwellen durch den Raum fluten und das Säuseln des Windes dem furchtbaren Rauschen der Tonwogen weichen, denn fühlt man Erhabenheit vergißt man das Gold und den Sammt mit dem das Innere überladen ist.

Wieder setzte er seinen Namen schwungvoll unter den Text, allerdings mit einem bescheideneren Schnörkel ausgestattet. Er nahm sich nicht mehr die Zeit, das, was er geschrieben hatte, noch einmal durchzulesen. Wozu auch! Die Karte war ja nur an Gustl gerichtet.

Fast zwei Wochen vergingen, bis er die dritte Karte schrieb. Auf ihr informierte er Gustl, dass es ihn wieder zurück nach seinem lieben Linz ziehe und dass er dort um 3 Uhr 55 ankomme. Dann:

Wenn du Zeit hast und darfst hole mich ab.

Dein Freund

Auf dieser Karte, die die K. K. HOFOPER, AUSSENANSICHT zeigte, schrieb er seinen Namen ganz ohne Schnörkel, geradezu nackt. Auf die Bildseite kritzelte er noch:

Heute 7 – 1/2 12 Tristan.

Nach vier statt nach zwei Wochen war er wieder da, in der Stadt Linz, die neben Wien ein Nichts war. Gustl holte ihn ab, obwohl es mitten in der Arbeitszeit war.

»Ich habe diesmal nicht lockergelassen«, berichtete er stolz. »Ich hab meinem Vater gesagt, er ist doch nicht irgendwer, er ist doch mein Freund. Und es gab heute auch nicht so viel Arbeit in der Werkstatt, die unaufschiebbar war.«

Er trug Adis Koffer und begleitete ihn heim in die Humboldtstraße. So hatte er es mit Adis Mutter abgesprochen.

Aber sie kamen nur sehr langsam voran. Immer wieder blieb Adi stehen und gestikulierte. Diese Wiener Architektur! Vor allem die Ringstraße! Eine einzige Aneinanderreihung von Prachtbauten! Das musste man gesehen und erlebt haben! Da überkamen einen Schauer der Erhabenheit!

Er erzählte und erzählte.

»Ich muss wieder zurück in die Werkstatt«, mahnte Gustl schüchtern. »Der Vater wartet auf mich.«

Adi ließ sich nicht unterbrechen. »Und den ›Tristan‹ hättest du sehen müssen! Diese Ausstattung! Und ein Riesenorchester!«

»Ich schlage vor, wir treffen uns heute Abend«, sagte Gustl, dem's schon pressierte.

Adi hörte nichts.

Da tauchte Paula auf. »Er kommt, er kommt!«, schrie sie und rannte zurück zur Mutter, die im Fenster lag und sehnsüchtig Ausschau hielt. Gustl übergab Adi vor der Haustür den Koffer und rannte davon.

Umarmungen, Küsse, aufgeregtes Getue. Adi hasste das. Aber es war halt die Liebe.

»Du hast mir so gefehlt«, beteuerte die Mutter immer

wieder, und er wusste, dass das stimmte. Er hätte sie auch manchmal gern gegen diese andere Tante Johanna in Wien eingetauscht, die ihm zunehmend auf die Nerven gegangen war. Die Eigenschaft der Mutter, still sein zu können, hatte er dort schätzen gelernt.

Jetzt aber war sie ganz und gar nicht still. Sie wollte alles genau wissen, vor allem wie es den Prinzens gehe.

Ja, sie waren nett gewesen. Sie waren mit ihm am ersten Tag zum Stephansdom gefahren und dann durch die Kärntnerstraße gebummelt. Ja, es geht ihnen gut, sie haben eine Zweieinhalb-Zimmer-Wohnung. Ja, die Blutwurst hat ihnen geschmeckt, sie lassen danken. Ja, Adi hatte sich immer bedankt, hatte die Tante zuerst durch die Tür gehen lassen, hatte Kohle aus dem Keller heraufgetragen, hatte gefragt, ob er sich nützlich machen könne. Nein, die Matratze war nicht durchgelegen, sie hatten extra für seinen Besuch eine neue gekauft.

»Und was hat es denn so zum Essen gegeben?«, wollte die Hannitante wissen, die sich bis dahin im Hintergrund gehalten hatte.

Ach ja, sie war ja auch noch da. Adi nickte ihr zu. Zum Glück schien sie nicht auch auf eine Umarmung aus zu sein.

Zum Essen? Adi konnte sich nicht erinnern. Er habe darauf nicht geachtet.

»Wie kann man denn darauf nicht achten?«, fragte die Mutter verwundert. »Wo doch das Essen so wichtig ist!«

Da war Adi anderer Ansicht. Ja, man musste essen, musste dem Körper Nahrung zuführen. Das war nun mal notwendig. Aber *was* er bekam, der Körper, schien ihm ziemlich egal zu sein. Und ob es bei den Prinzens Kaiserschmarren, Geselchtes mit Karfiol oder Blutwurst mit gestampften Erdäpfeln gegeben hatte, das hatte er sich nicht gemerkt. Aus dem Fleisch hätte er sich sowieso nichts gemacht. Aber er hatte bei den Prinzens ja nicht sagen können: »Fleisch ess ich nicht.«

Die Hannitante schüttelte den Kopf.

»Und was hat die Johanna so den ganzen Tag gemacht?«, wollte die Mutter wissen.

Herrgott, Adi war morgens fortgegangen und abends heimgekommen, manchmal erst spät in der Nacht. Sie hatten ihm einen Schlüssel mitgegeben. Womit sich Tante Johanna den ganzen Tag beschäftigt hatte, war ihm nicht bekannt. Und es hatte ihn auch gar nicht interessiert.

»Hast du mir was mitgebracht?«, piepste Paula.

Ja, er hatte. Ihre Augen begannen zu glänzen. Er trug den Koffer in sein Zimmer, dicht gefolgt von Paula, und klappte ihn auf. Feierlich entnahm er ihm ein Buch: DON QUIJOTE.

»Ach – ein Buch –!«, sagte sie enttäuscht.

»Du musst mehr lesen«, sagte er streng. »Und der Don Quijote ist Weltliteratur.«

Paula verzog sich, Adi warf sich auf sein Bett. Aber lange hielt er es da nicht aus. Er griff nach seinem Stöckchen und entfloh zu Gustl in die Werkstatt. Geduldig hörte sich der Freund die Ringstraßenschilderung noch einmal an.

Auch dieser Besuch langte nicht, um alle Eindrücke wiederzugeben. Adi hatte sich so viele Museen angeschaut. Und Plätze und Straßen, deren Namen er vor dieser Reise nur vom Hörensagen gekannt hatte. Und Schlösser und Kirchen. Und dann die Aufführungen im Opernhaus! Er hatte in Wagner geschwelgt!

Und die Akademie der Bildenden Künste hatte er sich angesehen, war durch ihre Hallen, ihre Gänge geschlendert und hatte die Zeichnungen und Ölgemälde, die die

Wände zierten, kritisch gemustert. Wer Kunstmaler werden wollte, musste in diesem Gebäude mehrere Jahre fleißig sein.

Er verstummte, als er daran dachte, und geriet ins Grübeln. Ja, in der Nacht auf dem Freinberg hatte er alles so klar vor sich liegen sehen, die ganze Zukunft im Rienzi-Licht. Aber da war er, nach der Oper, sozusagen aus sich herausgehoben gewesen. Und *wenn* es so kam – wer weiß, wie lange das noch dauerte?

»Gib es in Wien wirklich so viel Armut?«, fragte Gustl.

Adi hörte nichts. Gustl musste seine Frage wiederholen.

»Armut?«, fragte Adi verwundert. »Was hätte ich denn davon sehen können?«

»Bettler, Suppenküchen, Vagabunden …«

Adi konnte sich nicht erinnern.

»Aber du bist doch manchmal um Mitternacht heimgegangen«, sagte Gustl. »Hast du da keine Obdachlosen auf Parkbänken, unter Brücken und Torbogen schlafen sehen?«

Adi hob die Schultern. »Ich hab nicht darauf Acht gegeben. Ich hab an so viel anderes denken müssen.«

Der Führer:

Sie Idiot! Wenn ich nie
in meinem Leben ein
Phantast gewesen wäre,
wo wären Sie und wo wären
wir heute alle?

zitiert in:
Joachim Fest: Hitler, S. 45

Mit seiner Rückkehr aus Wien brach für Adi ein geschäftiges und ereignisreiches Jahr an. Allerdings fand ein großer Teil dessen, was er tat und was rund um ihn geschah, in seinen Träumen statt.

So konnte er sich die meiste Zeit nur noch in Gedanken mit Stefanie befassen, denn sie besuchte jetzt irgendeine Schule oder ein Institut in Genf. Nur in den großen Ferien hielt sie sich daheim auf, wie Gustl herausspioniert hatte. Da aber versäumte er nicht, ihr zu begegnen. Nie war sie allein. Manchmal begleitete sie ihr Bruder, meistens aber ihre Mutter.

»Was soll ich tun?«, fragte er seinen Freund verzweifelt.

Gustl war es nicht gewohnt, dass ihn Adi um Rat fragte. So gut wie immer war ja *er* der Frager. Sichtlich stolz antwortete er: »Erst nimmst du den Hut ab und grüßt die Damen. Dann stellst du dich der Mutter vor und bittest sie, die Tochter ansprechen zu dürfen. Danach kann man weitersehen.«

Adi schüttelte trübe den Kopf. »Mit dem Namen allein ist es nicht getan«, seufzte er. »Die Mama will natürlich wissen, was ich bin. Da kann ich ja noch nichts sagen. Es ist noch zu früh, Gustl.«

Dabei blieb's. Aber in Adis Gedanken hatte sich Stefanie häuslich eingerichtet, da war sie längst sein zweites Ich, teilte alle seine Vorlieben, seine Meinungen, fällte die gleichen Urteile, kannte und billigte alle seine Pläne.

Hatte er im ersten Jahr nach seinem Schulabgang noch mehr gezeichnet, manchmal nach der Natur, meistens nach Vorlagen, brütete er jetzt viel mehr über architektonischen Plänen. Er verlegte den Linzer Bahnhof aus der Stadt hinaus ins Grüne und führte die Gleisstränge in langen Tunnels unter der Stadt durch. Er entwarf ein neues Rathaus in modernem Stil, gestaltete das Schloss um, vergrößerte das Museum und erweiterte den Volksgarten um das nun frei gewordene Bahnhofsgelände. Die Burg Wildeck brachte er wieder in ihren ursprünglichen Zustand und machte sie zu einem Freilichtmuseum mit Handwerkern in mittelalterlicher Tracht und mittelalterlichen Werkzeugen. Sogar eine Meistersingerschule sollte in diesem Burgmuseum eingerichtet werden! Und eine Bergbahn plante er, zum Lichtenberggipfel hinauf, auf dem ein großes Hotel und ein dreihundert Meter hoher Turm entstehen sollten.

Den Jägermayerwald bedachte er mit einer Ehrenhalle. Darin konnte man zwischen den Büsten aller großen Oberösterreicher wandeln. Die Halle würde auf einem Platz errichtet werden, auf dem man einen herrlichen Rundblick genießen konnte, und Adi stattete sie mit einer imposanten Kuppel aus, gekrönt von einer Siegfriedfigur, die ein mächtiges Schwert in den Himmel reckte.

Adis größtes Projekt, zugleich sein Lieblingsprojekt, war eine hoch gespannte Bogenbrücke über die Donau, für die extra eine Höhenstraße angelegt werden müsste. In ihren Dimensionen würde sie in Europa bisher einmalig sein.

Das alles natürlich nur in Adis und Gustls Träumen.

Ja, auch Gustl sah diese gigantischen Bauwerke in seiner Fantasie. Adi führte ihn oft hinaus auf Hügel oder Plätze, wo er ihm mit großen Gesten und kühnen Luftskizzen erklärte, was wo und wie entstehen sollte.

Gustl hatte bisher noch nie mit solchen Großplanungen zu tun gehabt. Er nannte das, was Adi da tat, ein »Komponieren in Architektur«. Adis Begeisterung riss ihn mit.

»Aber womit willst du denn das alles finanzieren?«, fragte er, wenn er dann und wann aus dieser Hypnose aufwachte. »Legen wir beide zusammen, was wir an Geld besitzen, dann langt's noch nicht einmal dazu, das Zeichenpapier für die Pläne zu kaufen!«

»Diese Projekte sind Sache des Reiches.«

»Meinst du Österreich?«, fragte Gustl erstaunt. »Du weißt doch selber, wie da geknausert wird. Schon der Zuschuss für den so nötigen Theaterneubau hier in Linz steht, obwohl seit langem versprochen, immer noch aus!«

»Ich spreche vom Reich aller Deutschen«, sagte Adi würdevoll.

Gustl fielen fast die Augen aus dem Kopf. »Aber das gibt's doch gar nicht!«

»*Noch* nicht.«

»Aber mit solchen fernen Vielleicht-vielleicht-auch-nicht-Aussichten kannst du doch nichts finanzieren!«

Das war zu viel. Adi fuhr aus der Haut. Er wusste, dass sich jetzt sein Gesicht vor Wut verzerrte. Aber warum reizte ihn Gustl auch so? Mit einer schroffen Geste machte er sich Luft: »Du wirst es nie lernen, in großen Dimensionen zu denken, du Würstchen!«

Er wandte sich wütend ab und würdigte Gustl keines Planes mehr. Wenigstens nicht an diesem Tag.

»Und wenn du auch genug Geld zur Verfügung hättest«, machte sich Gustl – als sie wieder einmal Pläne schmiedeten – tapfer Luft, »und wenn du auch ein international berühmter Architekt wärst – die würden dich doch nie die ganze Stadt umkrempeln lassen!«

»Ja meinst du denn«, konterte Adi schroff, »die würden gefragt werden?«

»Und wenn dir tatsächlich gelänge, ganz Linz umzubauen«, bohrte Gustl weiter, »so, wie du nun mal bist, würdest du dich doch bald auch über andere Städte hermachen. Du kannst ja nichts, was dir vor Augen kommt, in Ruhe lassen!«

Adi antwortete mit einer Bewegung, die »hoffnungslos!« ausdrückte. Für ihn bestand kein Zweifel, dass seine Pläne eines Tages ganz selbstverständlich ausgeführt werden würden, mit größter Genauigkeit. Ja, er lebte bereits in seinem umgebauten Linz, und Gustl mit ihm. Der »neue Bahnhof«, der »Lichtenbergturm«, die »Ehrenhalle« waren reale Ausflugsziele für sie, auch wenn Uneingeweihte nicht wussten, was damit gemeint war.

Gustls schüchterne wie nüchterne Einwände hinsichtlich der Genehmigung und Finanzierung dieser gigantischen Bauwerke bewirkten, dass Adi ein Lotterielos für zehn Kronen kaufte. Fünf Kronen ließ er sich von seiner Mutter geben, fünf Kronen steuerte Gustl bei. Mit dem Los kaufte Adi zugleich den Traum vom Haupttreffer, und er tüftelte und rechnete stundenlang, bis er sich sicher war, die Glücksnummer zu wissen und gewählt zu haben.

Ein neuer Anlass also zu planen!

Erst war Adi fest entschlossen, mit der zu erwartenden Gewinnsumme eines dieser großen Linzer Bauprojekte zu finanzieren. Wenigstens zu einem Teil. Aber dann kam er zu der Einsicht, dass das doch nichts Halbes und nichts Ganzes würde. Um wirklich etwas Wesentliches in Richtung »Neues Linz« zu schaffen, war die Gewinnsumme, obwohl schwindelerregend hoch für Familien in kleinen Verhältnissen, doch viel zu klein.

Adi und Gustl beschlossen, sie für sich selbst zu verwenden. Und zwar sollte sie ihnen dazu dienen, sich eine entsprechende Stellung und Geltung in der Linzer, vielleicht sogar in der gesamten deutschen Gesellschaft zu verschaffen.

Sie wanderten also in Linz und seinen Vororten herum

und suchten nach einem Gebäude, das geeignet war, ihnen als zukünftiges Domizil zu dienen. Schließlich fanden sie in Urfahr einen stattlichen Bau mit schönem Ausblick auf die Donau. Dessen zweiter Stock sollte ihr gemeinsames Zuhause werden. Sie wollten ihn mieten und gediegen ausstatten. Die gesamte Planung nahm Adi in die Hand.

Die überaus geräumige Wohnung hatte zwei Flügel. Den größeren wollte Adi bewohnen, im kleineren sollte Gustl daheim sein. Die beiden Arbeitszimmer plante Adi so weit voneinander entfernt, dass Gustls Klavierspiel ihn bei der Arbeit nicht stören würde.

Schon entstand ein Wohnungsplan mit sämtlichen Möbeln, auch für Gustls Bereich. Das Mobiliar, von Adi entworfen, sollte von tüchtigen Handwerksmeistern hergestellt werden. Sogar den Tapeten und der Wanddekoration widmete er viel Zeit. Er arbeitete mit Feuereifer, um rechtzeitig fertig zu sein mit der Planung, wenn die Ziehung stattfand. Es gab ja so vieles zu bedenken!

So zum Beispiel die Frage der Kleidung. Sie wollten stets gleich gekleidet auftreten, wie Brüder. Diese Idee gefiel Gustl von allen Haupttreffer-Ideen am besten. Gleiche Kleidung: Das hieß ja, dass Adi ihn als gleichwertig sah!

Auch das Personal stand schon fest: Eine unerhört vornehme, fein gebildete Dame sollte dem großen Haushalt vorstehen, sollte im Auftrag der Freunde die Gäste im festlich illuminierten Treppenhaus empfangen, sollte Köchin und Dienstmädchen beaufsichtigen.

Das Programm der beiden Künstler stand ebenfalls schon fest: In diesen Räumen sollte sich ein die Künste liebendes Publikum versammeln. Gustl würde Konzerte geben, Adi Vorträge halten, in denen er seine Pläne vorstellte. Oder er würde aus seinen Werken lesen.

Und natürlich würden sie ausgiebig reisen.

»Reisen?«, fragte Gustl, schwindlig von all diesen unglaublichen Aussichten.

Natürlich – das verstand sich von selbst – erst einmal nach Wien! Adi schwärmte ihm stundenlang von dem vor, was er an Herrlichkeiten und Erhabenheiten in Wien genossen und erlebt hatte – zum wiederholten Mal.

Aber dabei sollte es nicht bleiben. Bayreuth lockte! Dort wollte man alle Werke Wagners in der bestmöglichen Form genießen, wollte Wagner *noch* näher sein, wollte aufgehen in seinem Geist!

»Und dann«, frohlockte Adi, »reisen wir überall in Österreich und Deutschland herum, bis hinauf in den Norden, ans Meer! Auf die Inseln hinaus!«

Sie waren wie im Taumel. Sogar Gustl ging ganz aus sich heraus. »Und nach Italien, nach Italien!«, juchzte er. »In ganz Europa herum! Und dann hinüber …«

Adi ließ seine Arme sinken und wurde nüchtern. Gustl hielt erschrocken inne. Adi starrte ihn streng und strafend an.

»Wie kommst du auf Italien?«, herrschte er ihn an. »Und wieso Europa? Für uns kommt nur das Reich in Frage, hörst du? Das Reich!«

Gustl wunderte sich. »Hast du dich als Kind nicht hinausgesehnt in die Welt? Nach Feuerland? Auf die Osterinsel? Nach Kanada?«

Adi zuckte mit den Schultern und starrte Gustl an, als habe er unmoralische Sehnsüchte geäußert.

»Als Kind vielleicht. Aber doch *jetzt* nicht mehr!«

Gustl fügte sich. Also nach Deutschland. Vielleicht war es ja wirklich unbescheiden, sich in die weite Welt zu wünschen, wenn man Österreich und Deutschland noch nicht kannte.

Oder meinte Adi dieses Zukunftsreich? Das Reich aller Deutschen?

Dann kam der Tag der Ziehung. Adi hatte die Nacht davor kaum ein Auge zugetan. Jetzt war es so weit. Jetzt würde sich sein ganzes Leben ändern! Er würde fortziehen aus diesem engen Käfig, würde Platz haben für seine Pläne und Gedanken, würde beim Nachdenken in den weiten Fluren hin und her schreiten können, würde auf seinen Balkon treten und seinen Blick über Menschen und Landschaft schweifen lassen können …

Plötzlich streifte ihn ein unangenehmer Gedanke: Was sollte mit der Mutter geschehen? Und somit auch – notgedrungen – mit Paula? Sie mitzunehmen nach Urfahr – unmöglich! Die Mutter würde mit der Hausdame nicht zurechtkommen. Und sie würde Schwierigkeiten machen, wegen der vielen Besuche. Sie würde stören in dieser Atmosphäre, ein Fremdkörper in all dem Aufeinanderabgestimmten. Und dann noch Paula dazwischen, die am Ende ihre Freundinnen mitbrächte!

Nicht auszudenken. Nein, die Mutter und Paula mussten bleiben, wo sie waren. Aber er würde ihnen einen Teil der Gewinnsumme überlassen.

Keinen kleinen.

Und natürlich würde er sie ab und zu besuchen. Vor allem die Mutter. Wenn nicht gerade die Angela da war.

Gustl konnte aus der Werkstatt nicht fort. Adi ging ins Lotteriebüro. Sie hatten sich beide so in die Hoffnung hineingesteigert, dass auch Gustl vor Spannung kaum arbeiten konnte. Hundertmal hatte ihm Adi versichert, dass diese Losnummer untrüg –

Da kam Adi wutschnaubend in die Werkstatt gestürzt. Scheiß-Staatslotterie, die gutgläubige Staatsbürger offen betrog! Scheißgesellschaft, die sich nur am Geld orientierte! Und was für ein Staat war das, der nicht einmal fähig war, zwei arme Schlucker davor zu bewahren, von der Lotterie übers Ohr gehauen zu werden!

Er brüllte. Mit seinem wilden Gefuchtel wirbelte er Staubwolken auf. Seine Augen traten aus den Höhlen, in seinen Mundwinkeln sammelten sich Schaumbläschen.

»Wir hatten halt Pech«, sagte Gustl traurig. »Wir hätten uns nicht so sehr auf unsere Wunschkraft verlassen dürfen.«

»Du tust ja gerade so, als ob *wir* daran schuld wären!«, tobte Adi. »Dieser Miststaat ist schuld, dieses aus zehn oder zwölf oder noch mehr Nationen zusammengeflickte Dingsda, das zu nichts mehr fähig ist, als alle diese Missstände einfach nicht wahrzunehmen!«

»Pst!«, flüsterte Gustl erschrocken.

Die Mutter:

Der geht seinen Weg weiter, als wäre er allein auf der Welt!

August Kubizek:
Adolf Hitler, mein Jugendfreund,
S. 131/132

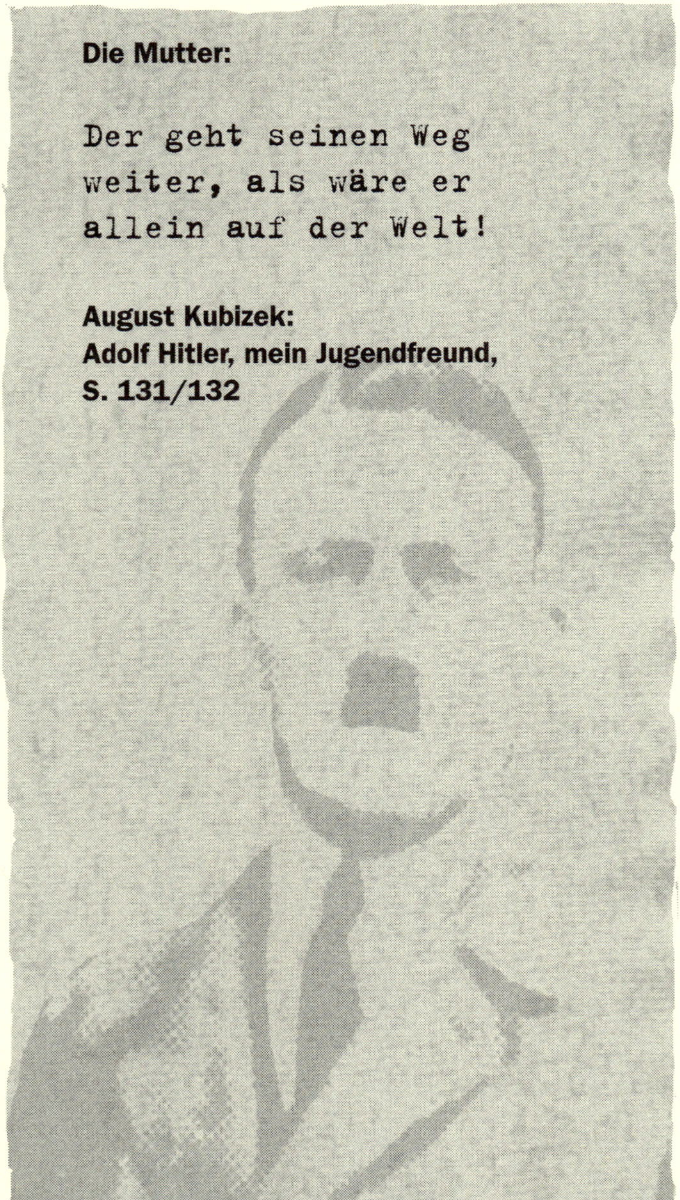

Für eine Weile hatte jetzt sogar Adi genug von diesen Zukunftsplänen. Er verlegte sein Interesse nun ganz auf die Musik. Nur zu Gustls Geburtstag machte er eine Ausnahme. Da schenkte er dem Freund eine Villa. Auf dem Papier. Eine sehr geräumige, elegante Wohnstatt mit dem Namen VILLA GUSTL. Eine hübsche Zeichnung. Gustl freute sich.

Adi zeigte sich auf einmal sehr interessiert an Gustls musikalischem Können und wollte auch ein Instrument spielen lernen. Er war ganz wild darauf.

Gustl war skeptisch. »Mit Intuition ist da nichts zu machen«, gab er zu bedenken. »Man muss täglich stundenlang dranbleiben. Üben!«

»Bei kleineren Kindern mag das stimmen«, antwortete Adi. »Aber diese sture Lernerei lässt sich in meinem Alter wettmachen durch eisernen Willen, Fantasie und Selbstvertrauen – glaub es mir!«

Nun musste seine Mutter ein gebrauchtes Klavier anschaffen, und Adi nahm Klavierstunden.

»Jetzt möchte ich sehen«, sagte er spöttisch zu Gustl, »ob das Musizieren wirklich so eine Hexerei ist, wie du immer tust.«

Es kam, wie Gustl es befürchtet hatte: Adi konnte seinen Klavierlehrer nicht davon überzeugen, dass man allein mit genialer Improvisation und Intuition lernen kann ein Instrument zu spielen. Der verlangte Fleiß und Disziplin und vor allem Befolgung seiner Anweisungen.

Aber genauer Fingersatz und dergleichen waren nichts für Adi. Und schon gar nicht stundenlanges Üben. Er verlor das Interesse am Klavierspiel. Ohne dies dem Freund zu berichten, brach er den Klavierunterricht ab. Der war von da ab kein Thema mehr, und Gustl war auch so klug, keine unangenehmen Fragen zu stellen.

Dieses klägliche Scheitern wurmte Adi. Denn gerade jetzt konnte Gustl einen öffentlichen Erfolg vorweisen: Obwohl erst siebzehn Jahre alt, durfte er als Trompeter in Liszts Oratorium »Die Heilige Elisabeth« mitwirken. Adi saß bei der Aufführung neben Gustls Mutter im Parkett und konnte nicht umhin zu applaudieren. Aber später, als die Mutter nicht mehr dabei war, spottete er ausgiebig: »Wie du ausgesehen hast mit den aufgeblasenen Backen. Wie ein Posaunenengel! Du hättest dich sehen sollen!«

Aber er begann wieder, ihm zuzureden, Musiker im Hauptberuf zu werden.

»Die Tapeziererei macht dich kaputt!«, bohrte er. »Die Musik ist dein Element. Dort gehörst du hin.«

Dieser Meinung war Gustl ja auch. Aber der Vater!

»Damit würde ich sein Lebenswerk zerstören«, seufzte er.

»Wenn du Tapezierer bleibst, zerstörst du *dich* damit!«

Adi ließ nicht locker.

»Ach Adi«, jammerte die Mutter, »so kann's doch nicht ewig weitergehen. Du bist –«

Adi warf einen Blick zum Himmel. Wieder dieses Thema!

»Was willst du denn, Mutter«, unterbrach er sie. »Ich sitze nie im Wirtshaus, treibe mich nie mit Weibern herum, rauche nicht, spiele nicht, verkehre nicht in schlechter Gesellschaft, halte mich sauber, gehe mit Geld sparsam um, halte mein Zimmer in Ordnung, halte auf anständige Umgangsformen. Was willst du denn *noch*?«

»Das ist es nicht, Adi, was mich bedrückt«, seufzte die Mutter. »Es stimmt, du bist ein guter Sohn, machst mir keine Schande. Ich habe dir nichts vorzuwerfen, außer, dass du nie in die Kirche gehst. Wer weiß, ob dir das Gott verzeiht.«

Adi schnaubte höhnisch durch die Nase.

»Aber deine Zukunft, deine Zukunft! Dein Vater hat doch auch immer gewollt, dass du eine gesicherte Karriere einschlägst!«

»Ja«, fauchte Adi, »einen Beamten wollte er aus mir machen, einen von diesen aufgeblasenen Typen mit Ärmelschonern hinter Schalter oder Schreibtisch!«

»Er würde sich im Grabe herumdrehen«, murmelte die Mutter, »wenn er wüsste, dass du nun schon bald achtzehn und noch ohne Aussicht auf irgendeinen Berufsabschluss bist! Andere in deinem Alter verdienen schon lange ihren Unterhalt. Ich werde dich nicht ewig erhalten können. Und von der Waisenrente, die du bekommen wirst, kannst du auch nicht leben, und schon gar nicht eine Familie ernähren.«

Sie strich ihm übers Haar. »Wenn du wüsstest, was ich mir für Sorgen um dich mache!«

»Ich geh im nächsten Herbst auf die Kunstakademie in Wien«, sagte Adi hart. »Und jetzt geh ich zum Gustl. Servus!«

»In die Kunstakademie?«, fuhr sie auf. »Da wirst du also *doch* Künstler? Ach Adi!« Sie begann zu weinen.

Arme Mutter. Wie sie sich das Leben schwer machte mit ihrem Gegrübel um seine Zukunft! Er sah sie vor sich, wie sie jetzt daheim saß, in der Küche, das Strickzeug auf dem Schoß, den Blick ins Leere gerichtet. Ihre Gedanken kreisten sicher um den Beruf Kunstmaler. »Da bekommt er doch kein festes Gehalt!«, würde sie klagen. »Und so, wie der Adi nun mal ist, wird er doch nicht mit seinen Bildern hausieren gehen. Dazu ist er viel zu stolz!«

Darin hatte sie Recht. Aber das alles würde ja ganz anders ablaufen. Adi beschleunigte seinen Schritt und schwang sein Stöckchen. Er würde keinen Finger dafür rühren müssen, seine Bilder zu verkaufen. Man würde sie ihm aus den Händen reißen!

Und er würde ihr, der Mutter, ein schönes Alter bereiten, in einem eigenen Haus in bester Wohnlage mit gediegener Einrichtung, alles von ihm selbst ausgesucht, und eine Hausdame, eine Köchin und ein Dienstmädchen würden ihr alle Wünsche von den Augen ablesen.

Auch um Paula würde er sich kümmern, würde ihr ein erstklassiges Internat bezahlen, würde sie mit geschmackvoller Kleidung ausstatten, würde ihr eine Liste all der Bücher zusammenstellen, die sie unbedingt lesen sollte, um im Leben Bescheid zu wissen. Und dann würde er sie mit einem gefeierten Künstler verheiraten, wahrscheinlich einem Wagner-Sänger oder einem Dirigenten oder einem Komponisten.

Vielleicht mit Gustl? Nicht schlecht! Dieser Gedanke gefiel im außerordentlich.

Seine Gedanken wanderten zur Mutter zurück. Natürlich würde er sie oft besuchen und mit Geschenken verwöhnen. Und sie würde immer wieder voller Staunen zu ihm sagen: Wer hätte das damals gedacht, Adi, dass aus dir noch mal was wird. *So was!*

Aber wenn er ihr dieses Zukunftsbild jetzt schilderte, würde sie nur ganz verzagt lächeln. Sie liebte ihn, ja. Aber sie glaubte nicht an ihn.

Daran waren auch die Verwandten und Bekannten schuld, dieses ganze Gesindel, das ihr immer wieder zusetzte: »Na? Lungert dein Adi noch immer daheim rum? Das kannst du doch nicht durchgehen lassen, Klara. Du musst was tun!«

Am meisten von allen hetzte der Raubal Leo gegen ihn, Angelas Mann. Der hatte seine Frau schon ganz auf seine Seite gebracht. Immer wieder rückten die beiden an und setzten der Mutter zu. Sogar wenn Adi daheim war, flüsterten sie in der Küche mit ihr und verstummten, wenn er die Tür seines Kabinetts öffnete.

Jetzt würde die Mutter auch nichts Eiligeres zu tun haben, als den Raubals zu erzählen, dass er Kunstmaler werden wollte.

In der letzten Zeit hatten sie sich etwas rarer gemacht, die Raubals. Das lag aber nicht an ihrer Unlust, die Mutter zu besuchen, sondern am »Umstand«. Angela konnte ja kaum mehr laufen, so dick war sie. Ende September sollte es so weit sein. Danach würde sie wieder kommen, die mit Vaters Rundgesicht, mit dem ständigen Gegrinse von einem Ohr zum anderen!

Er konnte sich Angelas Reaktion auf Mutters Neuigkeit vorstellen: Kunstmaler werden? In Wien? Auf der Kunstakademie? Da muss er doch ein Zimmer haben. Was das kosten wird! Und dann? Und dann? Wer wird ihm denn seine Bilder abkaufen? Das ist doch nichts Solides, nichts Solides, nichts Solides!

Ein Echo, das unendlich lange nachhallte.

Ach Mutter, wenn du doch an mich glauben würdest! Wenn du doch so fest wie ich davon überzeugt sein könntest, dass ich es noch einmal weit bringen werde! Sehr weit! Ich werde einmal in aller Munde sein.

»Jetzt ist es so weit – ich bin entschlossen«, sagte Adi mit einer großen Geste zu Gustl, nachdem sie sich auf Adis Geheim- und Lieblingsplatz zurückgezogen hatten. Von diesem Felsen am Hang des Kalvarienberges oberhalb des Zaubertales hatte man einen herrlichen Blick ins Donautal. Nur Gustl wusste von diesem Platz.

Gustl verstand wieder mal nicht, wovon Adi sprach.

»Ich gehe im September auf die Kunstakademie in

Wien«, erklärte Adi. »Aus mehreren Gründen: Ich brauche mir dort das Gejammer meiner Mutter nicht mehr anzuhören; ich komme Stefanie näher, denn ich kann was vorweisen; ich bin endlich raus aus diesem kleinbürgerlichen Mief, den ich nicht mehr ertrage; und die Stadt Linz kann mir auch nichts mehr bieten. Die hab ich in meinen Planungen ausgequetscht wie eine Zitrone. Jetzt ist Wien dran. Dort hab ich Platz. Dort werden mir anspruchsvollere Aufgaben geboten!«

Gustl nickte beflissen: Auch er sei schon seit längerem der Meinung, dass Adi nach Wien gehöre.

»Und du kommst mit!«, rief Adi.

Gustl schüttelte traurig den Kopf. »Würde ich ja gern. Aber du weißt doch – mein Vater …«

»Überzeugungsarbeit ist meine Spezialität«, sagte Adi.

»Und was sagt *deine* Mutter zu deinem Plan?«

»Sie muss sich auch erst an den Gedanken gewöhnen«, seufzte Adi. »Wien ist ein Sündenpfuhl, kostet Geld und so weiter. Könntest du nicht mal mit ihr reden? Sie mag dich doch. Wenn's jemand anderer sagt, gilt's immer mehr, als wenn's vom eigenen Sohn kommt.«

»Mach ich«, sagte Gustl.

Adi deutete mit einer weiten Geste ins Donautal hinunter: »Hier sind sie einmal in einem langen Schiffskonvoi hinuntergefahren, die Nibelungen. Am Bug des größten Schiffes standen sie, die drei Burgunderbrüder, und ließen ihre Blicke schweifen über Strom und Land. Furchtlose Recken. Und Kriemhild war bei ihnen. Die dachte nur an eines: an Rache. Rache um jeden Preis. Und so trieben sie dahin, die Donau hinunter, hinein in ihren Untergang.«

»Ich seh's vor mir«, sagte Gustl andächtig. »Steht's so im Buch oder hast du es selber formuliert?«

»Das spielt doch keine Rolle«, sagte Adi barsch.

Stille herrschte, bis Adis Hintern kalt wurde. Immerhin war es schon November, wenn auch ein sonniger Tag.

Auf dem Heimweg begann Adi zu schwärmen. »Das wird ein Leben in Wien! Wir nehmen natürlich zusammen ein Zimmer. Ich male, und du komponierst. Tagsüber studieren wir, ich da, du dort, und abends sind wir in der Oper.«

»Das wird zu teuer«, entfuhr es Gustl.

»Du denkst immer nur ans Geld!«, schimpfte Adi. »Wir werden uns dort ganz dem widmen können, was uns wichtig ist. In Wien steht uns die Welt offen. Es wird ihr nichts anderes übrig bleiben, als uns wahrzunehmen. Wir werden vorwärts kommen, werden es zu etwas bringen! Meine Mutter und deine Eltern werden sich in unserem Ruhm sonnen können!«

Gustls Augen begannen zu leuchten.

Als Adi am Abend heimkam, huschte Paula durch die Küche.

»War Leo bei der Mutter?«, fragte er.

Paula schüttelte den Kopf. »Die Mutter war bei ihnen.«

»Dacht ich's mir doch!«, knurrte er.

Gustl brachte Wunder zuwege. Adi konnte nicht umhin, ihm ein Kompliment auszusprechen.

»Die Mutter stemmt sich schon gar nicht mehr so dagegen«, berichtete er. »Wie hast du das geschafft?«

Adis Lob bewirkte, dass Gustl um ein paar Zentimeter wuchs.

»Ganz einfach«, sagte er. »Von Schulen hält deine Mutter viel. Eine Schule verhilft zu einem Zeugnis, ein Zeugnis zu einer anerkannten Befähigung, eine Befähigung verschafft einen Arbeitsplatz. Deshalb spreche ich immer von Kunst*schule*. Und ich habe ihr gesagt, dass man in dieser Schule auch noch andere Dinge lernt als nur malen. Zum Beispiel Kunstgeschichte. Das hat sie sehr beeindruckt.«

Adi lachte. Das konnte er sich gut vorstellen.

»Bei deinen Eltern«, berichtete er, »geh ich ganz anders vor. Da bringe ich die Gesundheit ins Spiel. Ob sie sich noch niemals Gedanken um deine Husterei gemacht haben. Mir komme das sehr bedenklich vor, wo du doch sowieso kein Herkules bist. Ein Beruf mit so viel Staub! Da muss man auf der Hut sein. Ist erst mal die Lunge angegriffen, lässt sich das nicht mehr so leicht reparieren …«

Gustl seufzte.

»Ich wette, dass du jetzt ein schlechtes Gewissen hast«, sagte Adi. »Aber es geht schließlich um mich, nicht um sie.«

Gustl schaute verdutzt auf. »Du meinst, um *mich*!«

»Natürlich, um dich«, verbesserte sich Adi. »Um *dein* Leben.«

»Aber sie meinen es so gut mit mir«, seufzte er. »Und ich enttäusche sie so sehr.«

Nein, mit den Kubizeks kam Adi nicht so schnell voran, wie er sich das erhofft hatte. Da würde er noch viel reden müssen. Aber Geduld war nicht seine starke Seite.

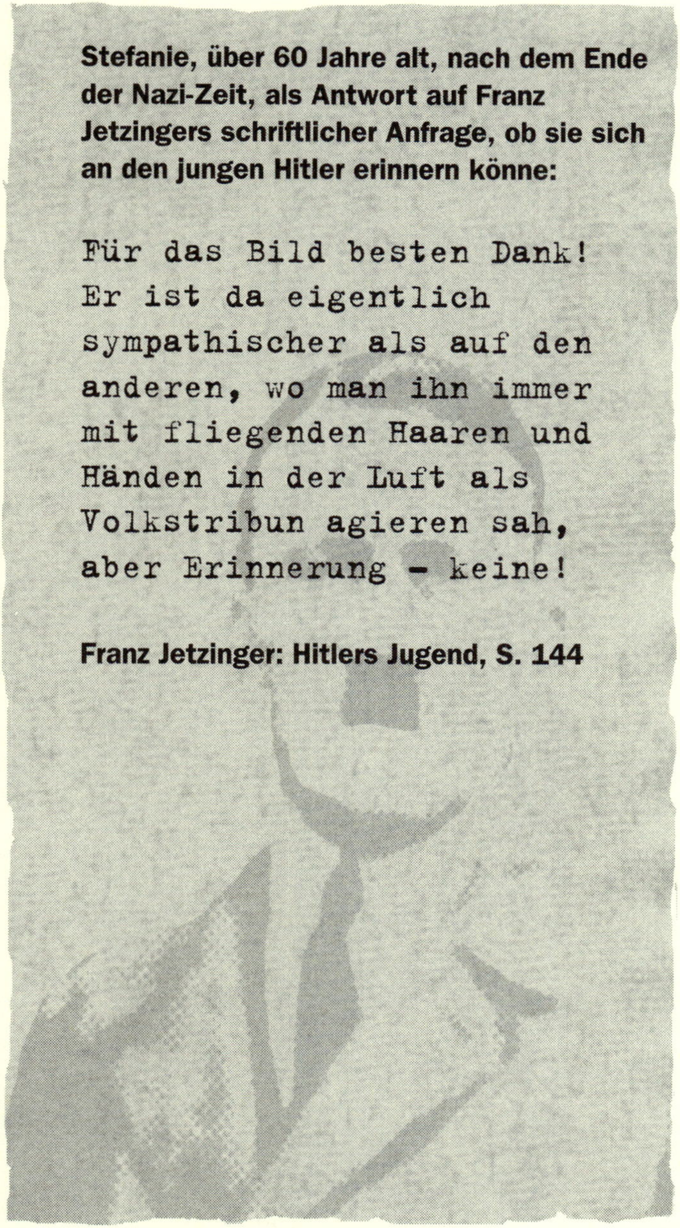

Stefanie, über 60 Jahre alt, nach dem Ende der Nazi-Zeit, als Antwort auf Franz Jetzingers schriftlicher Anfrage, ob sie sich an den jungen Hitler erinnern könne:

Für das Bild besten Dank! Er ist da eigentlich sympathischer als auf den anderen, wo man ihn immer mit fliegenden Haaren und Händen in der Luft als Volkstribun agieren sah, aber Erinnerung – keine!

Franz Jetzinger: Hitlers Jugend, S. 144

Ein paar Wochen später wurde die Mutter krank. Die Weihnachtstage verbrachte sie im Bett. Im neuen Jahr, Januar 1907, wurde sie von ihrem Hausarzt Dr. Bloch, im Spital der Barmherzigen Schwestern in Linz operiert. Brustkrebs im fortgeschrittenen Stadium.

Dr. Bloch sprach mit Adi: Seiner Mutter sei nur noch eine Galgenfrist vergönnt. Sie sei viel zu spät zu ihm gekommen. Mit der Operation sei nur der Zeitpunkt ihres Todes etwas hinausgeschoben worden.

Adi war verstört, ja empört. Das konnte doch nicht sein: Ihr, seiner Mutter, hatte die Vorsehung so ein Schicksal zugedacht?

Er besuchte sie täglich, manchmal in Begleitung von Paula, manchmal allein. Daheim ging ihm nichts ab, denn die Hannitante, die Bucklige, besorgte ja den Haushalt.

»Was das hier kosten wird!«, klagte die Mutter. »Und wir brauchen doch jeden Heller für dich, wenn du in Wien auf die Schule willst …«

Sie sah das zu schwarz, so abgekämpft und deprimiert, wie sie jetzt war. Er und Paula hatten ja Anrecht auf eine kleine Waisenrente, je 25 Kronen im Monat. Und vom Verkauf des Leondinger Hauses war auch noch allerlei auf dem Sparbuch. Er beruhigte sie also, und sie ließ sich gern beruhigen. Noch immer wagte sie sich nur mit Herzklopfen an den Gedanken heran: Ihr Sohn – ein Kunstmaler!

»Der Leo ist aber noch immer dagegen«, sagte sie matt. »Und die Angela auch. Und der Mayrhofer. Und die Leute im Haus. Weil Künstlersein halt nichts Sicheres ist …«

»Hör nicht auf sie, Mutter«, sagte er. »Von einem Beamten spricht niemand mehr, wenn er tot ist. Vom Dürer und vom Michelangelo spricht man noch heute.«

Ja, vom Dürer hatte sie auch schon gehört.

Als sie wieder heimkam, wurden ihr die Stufen hinauf in den dritten Stock doch recht beschwerlich. Sie hatte ja stark abgenommen, und ihre Gesundheit war immer noch ziemlich angegriffen. Eine Wohnung im dritten Stock war unter diesen Umständen nicht mehr zu halten.

So zog sie mit Adi, Paula und der Hannitante im Mai nach Urfahr um, in den ersten Stock eines fast neuen Hauses, Blütengasse 9. Es war eine etwas kleinere, sehr ruhige Wohnung. Wieder hatte Adi ein eigenes Zimmer, das sogar geräumiger als das in der Humboldtstraße war. Unter dem Fenster lag der Garten, dahinter fiel der Blick auf den Pöstlingberg.

Es war kein guter Frühling gewesen. Ein gedämpfter, angstdurchtränkter. Zu seinem achtzehnten Geburtstag hatte ihm die Mutter ein Medaillon mit ihrem Bild geschenkt.

»So begleite ich dich, auch wenn ich nicht mehr bin«, hatte sie dazu gesagt. Da war ihm klar geworden, dass sie genau wusste, wie es um sie stand. Und die Hannitante schien es auch zu wissen. Sie redeten nicht darüber.

Nur nicht daran denken. So tun, als wäre nichts.

In Urfahr lebte man etwas billiger, denn hier, außerhalb von Linz, wurden weniger Steuern als in der Stadt erhoben. Diese Sachlage schien mit dazu beizutragen, dass sich die Mutter einigermaßen erholte. Sogar selbst einkaufen konnte sie wieder! Vielleicht hatte sich Dr. Bloch doch geirrt?

Für Adi war der Weg zu Gustl jetzt etwas weiter. Aber Gehen machte ihm nichts aus. Er war ja durchtrainiert von seinen stundenlangen Hin- und Her-Wanderungen in seinem Zimmer, in Gustls Tapeziererwerkstatt, in Mutters Küche, auf der Landstraße, überall.

Bevor Adi Ende September nach Wien ging, machte er noch einen Abschiedsbesuch bei seinem Vormund in Leonding: »Herr Vormund, ich gehe jetzt nach Wien!«

Herr Mayrhofer nickte und wünschte ihm viel Erfolg. Adi fiel der skeptische Zug in seinem Gesicht auf.

Vor der Abreise schrieb er einen Brief an Stefanie. Er verfasste ihn in einer Art Trance. Später wusste er selber nicht mehr genau, was er alles hineingeschrieben hatte. Nur so viel stand fest: Der Brief enthielt die Nachricht, dass er jetzt auf die Kunstakademie nach Wien gehe und dass sie auf ihn warten möge. Wenn er mit dem Studium fertig sei, werde er wiederkommen und sie heiraten.

Eine Unterschrift setzte er nicht darunter, und den Umschlag ließ er ohne Absender.

Diesen Brief vertraute er nicht einmal Gustl an. Er schickte ihn mit der Post. Stefanies Adresse wusste er. Sie war ja in Urfahr daheim.

Als die Zeit zur Abreise kam, kränkelte die Mutter schon wieder. Adi wollte nicht, dass sie ihn auf den Bahnhof begleitete. Niemand sollte ihn weinen sehen!

Gustl, noch geschwächt von einem Lungenspitzenkatarrh, holte ihn in der Blütengasse ab und griff sich gleich den Koffer. Der war schwer. Adi hatte sich von seinen Lieblingsbüchern nicht trennen können. Und so viel Proviant! Als Adi sich von der Mutter verabschiedete, ging Gustl taktvoll ins Treppenhaus.

Die Trennung fiel den Freunden schwer, zumal Gustls Eltern noch immer nicht bereit waren, den Sohn ziehen zu lassen. Sie bemühten sich, gelassen zu tun. Gustl riss ein paar Witze, aber Adi lachte nicht.

»Ohne dich wird es hier langweilig sein«, seufzte Gustl auf dem Bahnsteig.

Adi nickte zustimmend aus dem offenen Zugfenster. Aber ohne Gustl in Wien – das würde auch kein Zuckerschlecken sein. Keinen Zuhörer, kein Echo haben! Und niemanden, der sich um die banalen Lebensnotwendigkeiten kümmerte …

Der Zug ruckte an, setzte sich in Bewegung, Dampf zischte.

»Ich komme nach!«, rief Gustl, Entschlossenheit im Blick.

Er winkte, Adi winkte zurück. Er beobachtete sich selbst dabei. Nur nicht die Haltung verlieren! Signalisieren, dass man sich im Griff hat! Zwischen Dampfwolken erhaschte er noch einen Blick auf Gustl: Mit gesenktem Kopf schritt er dem Ausgang zu.

Guter Gustl. Aber letzten Endes auch nur ein Kleinformat. Nicht geeignet für eine Führungsrolle.

Er setzte sich in seine Ecke und lehnte sich zurück. Über ihm im Gepäcknetz, auf dem Koffer, lag der wichtigste Teil seiner Habe: die Mappe mit den Zeichnungen, die er für seine besten hielt. Bleistift- und Tuschezeichnungen, auch Aquarelle. Gebäude mit und ohne Landschaft, Straßenzüge, Plätze. Ihm fiel ein, dass Gustl einmal gesagt hatte: »Wenn *ich* zeichnen würde, dann wären in meiner Mappe viele Blumenbilder.«

Nein, Blumenmotive hatten ihn nie gereizt. Auch keine Tiere. Und Menschen? Eigentlich auch nicht. Jedenfalls würde er mit dem Inhalt der Mappe gehörigen Eindruck machen! Die Aufnahmeprüfung? Mit Glanz bestanden!

Er spiegelte sich in der Fensterscheibe. Schmales, langes Gesicht mit schräger Locke. Scharfrückige Nase, schmallippiger Mund, energische Brauen, Herrenaugen. Adi war sich sicher: Man musste diesem Gesicht ansehen, dass es einem gehörte, der zum Führen geboren war! Ein Gesicht, das einer Büste, einem Denkmal gut anstünde. Ein Gesicht für eine große Zukunft. Ein Rienzi-Gesicht!

Nur mit dem Oberlippenbart war er nicht zufrieden. Zu dünn, zu armselig. Aber das würde sich mit dem Alter ändern!

Ihm fiel der Kuchen ein, den die Hannitante gebacken hatte. Adi war allein im Abteil, niemand konnte ihn beobachten. Hastig packte er aus, schob sich ein Stück nach dem anderen in den Mund. Er konnte sich in der Scheibe sehen: Wie er mampfte, wie er stopfte! Sein Gesicht verzerrte sich zu einer grotesken Grimasse der Gier. Streuselbröckchen rieselten auf den schmutzigen Dritte-Klasse-Abteilboden. Gut, dass ihn niemand so zu sehen bekam. Aber er aß eben nun mal so gern Süßes!

Der Zug schlängelte sich an der Donau entlang und berieselte das Gewucher am Bahndamm mit Rußstaub. Die Sonne sank, es begann zu dämmern, es wurde kühl. Adi wickelte sich in seinen Mantel. Bald, bald würde er sich Student der Künste nennen können!

Lichter wuchsen aus der Dämmerung, Laternen glühten. Wien, Westbahnhof, Endstation. Quietschend hielt der Zug. Vor dem Abteilfenster ein Gehaste und Gerenne, ein Hund kläffte, Schaffner und Gepäckträger brüllten herum. Adi stieg aus, unter dem Arm die Mappe, in der Hand den Koffer, die Hosenbeine noch besprenkelt mit Kuchenkrümeln, den Hut tief in die Stirn gezogen.

Betäubt von dem Lärm, Gewiesel und Gehaste verließ Adi den Bahnhof. Pferdehufe klapperten. Hier hatte es geregnet, das Pflaster war nass.

Wohin? Er brauchte ein Zimmer. Planlos bog er nach rechts, überquerte eine sehr breite, hell erleuchtete

Geschäftsstraße, steuerte in die nächstbeste Nebengasse, las: STUMPERGASSE.

Hier war es dunkler und stiller. Er fühlte sich auf einmal abgespannt und bettreif. Alle die letzten Tage und vor allem diese Bahnfahrt hatte er in stolzer Zuversicht erlebt. So eine ständige Hochspannung machte müde.

Ein Zimmer, ein Zimmer!

Dunkle, feindliche Fassaden. Aber fast alles noch ziemlich neu. An Nummer 31 entdeckte Adi ein Schild: ZIMMER ZU VERMIETEN. Er zögerte. Dieses Gebäude sah zu vornehm aus, als dass er sich hier einen Raum würde leisten können!

Aber das Schild enthielt noch einen Hinweis: dass sich das Zimmer im Hinterhaus befand. Nun ja, man konnte es sich ja mal ansehen.

Adi überquerte den kleinen Hof hinter dem Torbogen und stieg im Hinterhaus die dunkle Stiege hinauf. Hier war nichts mehr von Vornehmheit zu spüren. Im zweiten Stock sollte das Zimmer sein, Tür 17.

Er klopfte. Eine verschrumpelte Alte öffnete, ließ ihn eintreten. Petroleumgestank schlug ihm entgegen. Er setzte den Koffer ab, sein Blick fiel in eine kleine Küche. Aber schon öffnete die Alte eine andere Tür: Das war der Raum, den sie anzubieten hatte, ein Kabinett mit einem Fenster, Tisch, Stuhl, Schrankkasten und einem bescheidenen Bett. Zehn Kronen pro Monat.

Adi nahm es.

Nun wurde die Alte geschäftig. Sie holte eine Petroleumlampe, zündete sie an und stellte sie auf den Tisch.

»Zakreys, Maria, heiß ich«, sagte sie. Als Adi sich mit dem Zusatz »Kunststudent aus Linz« vorstellte, nickte sie. Er erfuhr, dass sie aus Mähren stammte.

»Dann wünsch ich also eine gute Nacht«, sagte sie,

bevor sie den Raum verließ. Als sie schon fast draußen war, rief sie ihm noch zu: »Was Sie in dieser ersten Nacht träumen, geht in Erfüllung!«

Eine merkwürdige Alte. Er hängte seinen Hut an einen Haken an der Tür, zog den Mantel aus, den neuen Wintermantel, warf ihn über die Stuhllehne und legte seine kostbare Mappe auf den Schrank. Vielleicht gab es hier ja Mäuse. Den Zeichnungen durfte nichts zustoßen. Bevor er ins Bett kroch, das muffig roch, löschte er die Lampe. Nun stank es noch penetranter nach Petroleum als vorher.

Er stand noch einmal auf und öffnete das Fenster. Der Abstand zur Mauer des Vorderhauses betrug nur ein paar Meter. Adi versuchte den Himmel zu erspähen, bekam aber nur einen schmalen Streifen mit drei Sternen zu sehen. Dazu musste er sich halb hinausbeugen und den Kopf verdrehen.

Hinterhofaussicht, nichts Besonderes. Bei den Prinzens lag die Küche auch zum Innenhof. Wenn er daheim in Urfahr aus seinem Fenster schaute, sah er in wehende Zweige, in Wolkenlandschaften, auf Berge und viel Wald. Also auf die halbe Welt.

Er verkroch sich wieder ins Bett, das noch warm war. Wenn jetzt der Gustl da wäre, dachte er, könnte ich wenigstens reden.

Er tastete nach dem Medaillon, das er in einer dünnen Kette um den Hals trug. Er brauchte es gar nicht erst aufzuklappen, es war ja finster. Und er sah die Mutter auch ohne das Bild vor sich: schmal, lächelnd, mit großen glänzenden Augen, siebenundvierzig Jahre alt, todgeweiht.

»Ach, wenn du doch noch so lange bliebest, bis ich's geschafft hab«, dachte er. »Bis ich ganz oben bin. Ganz oben. Und du durch mich geehrt wärst …«

Am nächsten Morgen versuchte er sich an den Traum

zu erinnern. Ja, er hatte geträumt! Langsam tauchte der Balkon wieder auf, der Rienzi-Balkon aus dem letzten Akt.

Da stand er selbst und hob den rechten Arm schräg empor, während er mit der linken das Gürtelschloss umklammerte. Tief unter ihm stand das Volk Kopf an Kopf und jubelte ihm zu. In der Menge erkannte er auch seine Mutter. Und Gustl. Und den Raubal Leo. Und alle, alle seine Lehrer!

Ihm galt der Jubel. Ihm!

Ein guter Traum. Adi bezweifelte keinen Augenblick den Wahrheitsgehalt der Behauptung seiner Zimmerwirtin: dass er in Erfüllung gehen werde.

Aber etwas überschattete seine Stimmung stolzer Zuversicht: der Verdacht, dass es in diesem Kabinett Wanzen gab.

Adolf Hitler:

Geschlagen verließ ich den Hansenschen Prachtbau am Schillerplatz, zum ersten Male in meinem jungen Leben uneins mit mir selber.

Mein Kampf, S. 19

Gleich am nächsten Morgen ging Adi in die Akademie der Bildenden Künste, um sich für die Aufnahmeprüfung anzumelden.

Schon während seines ersten Wien-Aufenthalts hatte er sich dieses pompöse Gebäude von außen und innen angesehen. Trotzdem wirkte es auch jetzt wieder überwältigend auf ihn und versetzte ihn in eine gehobene, ja andächtige Stimmung. Andere Neulinge, denen er in den Hallen und Gängen begegnete, schienen Ähnliches zu empfinden. Man unterhielt sich nur halblaut, um die feierliche Atmosphäre nicht zu stören.

Adi sah nur junge Männer. In dieser Akademie wurden Frauen zum Studium nicht zugelassen. Er nickte: eine gute Entscheidung. Frauen lenkten nur ab. Außerdem reichten ihre künstlerischen Leistungen an die der männlichen Künstler nicht heran, das war doch klar.

Er wurde aufgerufen, präsentierte seine Zeichnungen und musste mit allen anderen Kandidaten draußen auf den Fluren warten, bis die Herren Prüfer ihre Entscheidungen getroffen hatten und die Liste mit den Namen der zur Prüfung zugelassenen jungen Männer aushängen ließen.

Er war dabei. Aber 33 Mitbewerber waren aus dem Rennen. Ungerührt sah er denen nach, die den Anforderungen nicht genügten und nun niedergeschlagen die heiligen Hallen verließen. Nun ja, wer den hohen Maßstäben nicht entsprach, gehörte ausgesondert. Mochten sich diese kleinen Lichter mit der Beamtenlaufbahn begnügen. Hierher gehörten nur die Besten!

Von anderen Neulingen erfuhr er, dass es vorteilhaft sei, vor der entscheidenden Prüfung, die auf den 1. und 2. Oktober angesetzt war, noch ein paar Nachhilfestunden in der privaten Zeichen- und Malschule RUDOLF PAN-

HOLZER zu nehmen. Dort erfahre man, worauf es den Prüfern ankomme.

Adi ließ sich die Adresse der Schule geben und fragte sich zu ihr durch. Als er die Preisliste las, die man ihm dort aushändigte, musste er schlucken. Nach langem Überlegen entschloss er sich doch, ein paar Stunden zu nehmen. Zwar war er überzeugt, dass man ihm hier nicht viel werde beibringen können, was er nicht schon selbst beherrsche.

Aber sicher ist sicher, dachte er.

Noch fehlten ein paar Tage bis zur Prüfung. Er vertrödelte sie nicht. Zuerst einmal erkundete er die Umgebung seine Quartiers. Hocherfreut stellte er fest, dass sich in derselben Gasse, in der er jetzt wohnte, die Redaktion des ALLDEUTSCHEN TAGBLATTES befand, einer Zeitung, die er schon aus Linz kannte, Stumpergasse 17. Und in Stumpergasse 7 war die Druckerei Calmus & Co, in der das ALLDEUTSCHE TAGBLATT gedruckt wurde. An ihrer Straßenfront hingen Schaukästen mit den jeweils neuesten Zeitungsdrucken. Wer sich keine Zeitung kaufen konnte oder wollte, der konnte sie hier gratis lesen.

Auch eine Volksküche entdeckte Adi ganz in der Nähe. Sie bot Mittagessen mit Suppe, Hauptgericht und Nachspeise für 30 Heller an. Und an Räumen kam er vorbei, in denen sich Obdachlose während der kalten Jahreszeit tagsüber aufwärmen konnten. Er fand auch ein öffentliches Bad und viele Geschäfte und Cafés. Und das Schönste: Im Vorderhaus Stumpergasse 31, also genau dort, wo er – im Hinterhaus – wohnte, war die Bibliothek des St. Vinzenz-Lesevereins mit mehr als 11 000 Büchern untergebracht!

Adi war mehr als zufrieden. Seine neue Wiener Adresse im Bezirk Mariahilf war ein Glücks-Volltreffer!

Während der Wartetage durchstreifte er immer wieder die Ringstraße mit ihren Prachtbauten. Lange stand er auf dem Schillerplatz und betrachtete versonnen das Geäude »seiner« Akademie. Hier würde er also ein paar Jahre ein- und ausgehen, geschätzt, ja bewundert als hoch begabter Künstler – und noch so jung!

Er besuchte Opernhäuser, sog Wagner-Atmosphäre ein. Er warf sich auf Wien mit offenen Augen und Ohren. Manchmal ertappte er sich dabei, wie er halblaut mit sich selber sprach und wild gestikulierte. Wenn er abends oder nachts todmüde heimkam, war er von all dem Erlebten so aufgedreht, dass er noch eine Weile hin und her wandern musste, zwischen Schrank und Fenster, bis er die nötige Bettschwere hatte.

»Was haben Sie doch für eine Unruhe in sich«, sagte die alte Zakreys zu ihm. »Heute Nacht hab ich Sie wieder wandern und reden hören.«

Manchmal hatte sie auch Gelegenheit, andere nächtliche Geräusche zu hören: ein Fluchen, Klatschen, Trampeln. Da ging es um Wanzen. Aber was diese Art von Nachtstörungen betraf, stellte sie sich taub.

Dann war es so weit. Adi hatte seine Hosen während der Nacht unter seine Matratze gebreitet. Am nächsten Morgen konnte er mit Bügelfalten in Richtung Akademie wandern. Er ging zu Fuß. Die 12 Heller für die Straßenbahn ließen sich einsparen. 20 Minuten brauchte er von seinem Quartier bis zur Akademie. Er war das Gehen gewohnt.

Die Klausurprüfung fand in zwei Gruppen statt: jeweils drei Stunden Zeichnen vormittags und nachmittags nach vorgegebenen Motiven. Am ersten Tag wurden sechs Themen angeboten, unter denen die Kandidaten je nach Lust und Begabung wählen durften: AUSTREIBUNG AUS

DEM PARADIES, HIRTEN, FUHRKNECHTE, HOLZKNECHTE, KAIN ERSCHLÄGT ABEL und FRÜHLING. Zu einem dieser Themen mussten acht Kompositionsaufgaben gelöst werden.

Die Themen verstimmten Adi. Er hatte nichts gegen Christliches, Mystisches, Klassisches. Aber mit Architektur war da kaum etwas zu machen, höchstens am Rande. Offensichtlich wollten die Prüfer Menschen, Tiere, Natur sehen. Darin aber hatte er weniger Übung. Vor allem Menschen in Bewegung zu zeichnen, fiel ihm schwer.

Trotzdem war er guten Mutes. Während seine Mitprüflinge stöhnten und schwitzten, nahm er die Prüfung kaum ernst. Warum unterzog man ihn überhaupt einer Prüfung? Es lag doch klar auf der Hand, dass er überragend begabt war!

Gleich nach der Bekanntgabe der Ergebnisse würde er natürlich in die Oper gehen – zur Feier des Tages. Wenn er noch eine Karte bekam. Was war das immer für eine langwierige Prozedur, vor dem Kartenschalter anzustehen! Wenn doch nur Gustl da wäre, der das für ihn übernommen hätte.

Jedenfalls würde er, sobald sein Sieg definitiv feststand, an die Mutter und an Gustl schreiben. Dann konnten sie seinen Triumph mitgenießen und stolz auf ihn sein.

Ja, stolz auf ihn!

In der ganzen Verwandtschaft würde er Mittelpunkt der Gespräche sein. Paula würde mit ihm, dem großen Bruder, vor ihren Freundinnen prahlen.

Ja, du kleine Kröte, jetzt wirst du doch zugeben müssen, dass der Mops gut gezeichnet war!

Während Adi zeichnete, verlor er sich in immer süßere Träume: Sein Vormund Josef Mayrhofer würde in Leonding großtun mit ihm, dem Mündel. Und beim nächsten Besuch in Urfahr würden ihm die anderen Hausbewohner herzlich die Hand schütteln.

Besonders den Raubals gönnte er die Blamage. Nun bliebe es ihnen nicht erspart, sich mit seinem Erfolg zu befassen. Das würde ihnen gar nicht schmecken! Dieser Dämpfer geschah ihnen recht – vor allem dem Leo!

Sollte er nicht sogar ein Telegramm heimschicken? Es war verflixt teuer, aber es machte was her. Dafür würde er eben einmal weniger in die Oper gehen. Das war ihm die Sache wert.

Nach der Prüfung, auf dem Heimweg, befand er sich wie im Rausch. Die Zukunft, die Zukunft hatte jetzt für ihn begonnen!

Ebenso hochgestimmt betrat er am Tag, als die Ergebnisse bekannt gemacht wurden, die Akademie. Mit fiebernden Augen und schwitzenden Händen wurde die Liste umdrängt. Es waren nur noch 28 Namen. Adi wartete gelassen. Er brauchte nicht zu drängeln und zu schwitzen. Für ihn gab es keinen Zweifel.

Er konnte nicht glauben, was er sah: Er hatte die Prüfung nicht bestanden. Aus einer Formulierung in der Spalte der Entscheidungsbegründungen ging hervor, dass das Prüfungsgremium die geringe Anzahl menschlicher Köpfe auf den Probezeichnungen bemängelt hatte.

Adi war wie vor den Kopf geschlagen. Die Tatsache, dass sie von 112 Bewerbern nur 28 hatten bestehen lassen, war ihm kein Trost. Ihn hatten sie fallen lassen. *Ihn!* Wussten sie überhaupt, was sie da getan hatten?

Er bestand auf einem Termin bei dem Rektor der Akademie und bekam ihn. Erregt erkundigte er sich nach den Gründen der negativen Bewertung seiner Zeichnungen.

Der Rektor begegnete ihm äußerst liebenswürdig. Er blätterte noch einmal Adis Zeichnungen durch und bestätigte das Urteil der Professoren.

»Die Malerklasse ist für Sie nicht der geeignete Platz«, sagte er. »Mit Ihrer Begabung gehören Sie in die Architekturschule unserer Akademie!«

Adi horchte auf und sah wieder einen Silberstreifen am Horizont. Ja, der Rektor hatte Recht. Architekt sein! Das lag ihm doch noch viel mehr als das Zeichnen und Malen!

Erregt stürzte er in die Abteilung Architektur der Akademie. Aber die Auskunft, die er erhielt, wirkte auf ihn noch niederschmetternder als die Tatsache, dass er durch die Prüfung gefallen war: In die Architekturschule wurde nur aufgenommen, wer die Matura hatte.

»Dann holen Sie sie doch nach«, wurde ihm geraten. »Sie sind doch noch jung!«

Später konnte er sich nicht erinnern, wie er an diesem Tag heimgekommen war. Wahrscheinlich war er manchmal stehen geblieben und hatte wütend gestikuliert. Dabei hatte er sich schon manchmal ertappt.

Noch einmal in die Schule zurückkehren, die er so hasste? Sich dort drei Jahre lang diesen Zwängen, dieser kleinkarierten Disziplinsucht, dieser Fleißverherrlichung noch einmal aussetzen müssen? Sich diesem begehrten Abschlusszeugnis entgegenschuften, das mit Improvisation allein nicht zu haben war?

Vielleicht hatte er sogar mitten zwischen den Passanten laut mit sich selbst geredet. Voller Wut! Kein Wunder, wenn es so gewesen war. Solch ein Zorn hatte enorme Explosionskraft, ließ sich nicht in Herz oder Seele oder was auch immer einsperren.

Nein. Zurück in die Schule – das wäre einem Selbstverrat gleichgekommen. Seinen Stolz so mit Füßen zu treten und sich seinen Charakter so zu verbiegen, das konnte niemand von ihm verlangen.

Nein, verdammt noch mal!

Er würde eben warten. Irgendwann würde seine Zeit schon kommen. Eine Zeit, die ihm die Möglichkeit böte, seine Fähigkeiten auch ohne Reifeprüfung zu entfalten. Aber wehe dann diesen Professoren in der Akademie! Was sie ihm heute angetan hatten, das sollten sie noch bereuen!

Er knallte die Mappe mit den Zeichnungen auf den Schrank und rührte sie monatelang nicht mehr an. Schlimm genug, dass sie ihn an Unangenehmes, an Empörendes erinnerte, sobald sein Blick auf sie fiel.

»Na, Prüfung bestanden?«, fragte die Zakreys Marie, der er ein paar Tage vorher von dem bevorstehenden großen Ereignis erzählt hatte.

Er nickte, und sie gratulierte ihm.

Tagelang trieb er sich draußen herum, in den Anlagen, den Parks, in der Landschaft rund um die Stadt, zerfallen mit der Welt.

»Ihr seit ja so spießig!«, schrie er, wenn niemand in der Nähe war. »So spießig, wie es spießiger nicht mehr geht! Alles, was in eure Schablonen nicht passt, das macht ihr nieder!«

Dort, wo ihn niemand hören konnte, in den Wäldern und Feldern außerhalb Wiens, beschimpfte er alle Schullehrer der Welt, und mit ihnen die Professoren aller Akademien laut als kleine Geister, Dumm- und Hohlköpfe, bornierte Halunken, selbstgerechte Moralisten, Staatsparasiten und Fortschrittsbremser.

»Solche Trottel«, schrie er wutentbrannt und warf die Fäuste in die Luft, »bestimmen bei uns über die Kunst!«

Als er mit schlammbespritzten Hosenbeinen, Heuhalme im Haar, an einem dieser Tage heimkam, sagte die Zakreys zwischen Tür und Angel zu ihm: »Sie kriegen ja nie Post.«

Ach ja. Weder Mutter noch Gustl konnten ihm schreiben, weil er ihnen seine Adresse noch nicht mitgeteilt hatte. Das hatte er zusammen mit der Triumphmeldung der bestandenen Prüfung tun wollen.

Sie würden sich daheim sicher schon große Sorgen machen.

Schließlich schickte er eine Postkarte heim mit einem lockeren, unverfänglichen Text. Mochten sie ruhig annehmen, dass Post verloren gegangen war. Aus dem, was er geschrieben hatte, ließ sich entnehmen, dass er inzwischen, wie vorgesehen, die Akademie als Student besuchte.

Er befand sich in einer unangenehmen Lage: Die Mutter hatte ihn nur unter der Voraussetzung nach Wien gehen lassen, dass er dort an der Kunstakademie studierte. Ein »Herumlungern«, wie sie es nannte, in der großen Stadt würde sie niemals erlauben. Und sie hatte die ganze Verwandtschaft hinter sich. Meldete er daheim, dass er durchgefallen war, musste er wieder zurückkehren nach Linz, in die dumpfe Bürgerlichkeit, die nichts verstand und ihn verkannte.

Also beließ er seine Leute in Linz bei dem Glauben, er sei nun »Student der Kunst«.

Die Mutter schrieb, Gustl schrieb. Sie hatten sich schon solche Sorgen gemacht! Zum Glück seien die unbegründet gewesen. Herzlichen Glückwunsch! Und alles, alles Gute weiterhin!

Gustl verkündete noch überglücklich, sein Vater ziehe sein Musikstudium bereits in Betracht. Es käme ihn schwer an, aber er sehe ein, dass die Gesundheit seines Sohnes wichtiger sei als eine florierende Werkstatt …

Adi verbrachte nun die Tage bei schönem Wetter in und vor den nach seiner Meinung schönsten Bauten Wiens, bei Sturm und Regen in Büchereien und Cafés. Und die Abende? Auf den Stehplätzen der Hof- oder der Volksoper.

So verlebte er den Rest der ersten Oktoberhälfte des Jahres 1907 bar jeder Verantwortung. Alles, was nicht den Augenblick betraf, blendete er aus. Seine Rolle in der Welt würde sich hoffentlich eines nicht so fernen Tages ganz von selbst so ergeben, wie die Vorsehung sie in die Geschichte eingeplant hatte. Er musste sich nur bereithalten und im richtigen Augenblick handeln.

Franz Jetzinger:

Sein gesamtes Naturell ist, angefangen von seiner Jugend bis zu seinem makabren Ende, überschattet von Düsternis.

Hitlers Jugend, S. 82

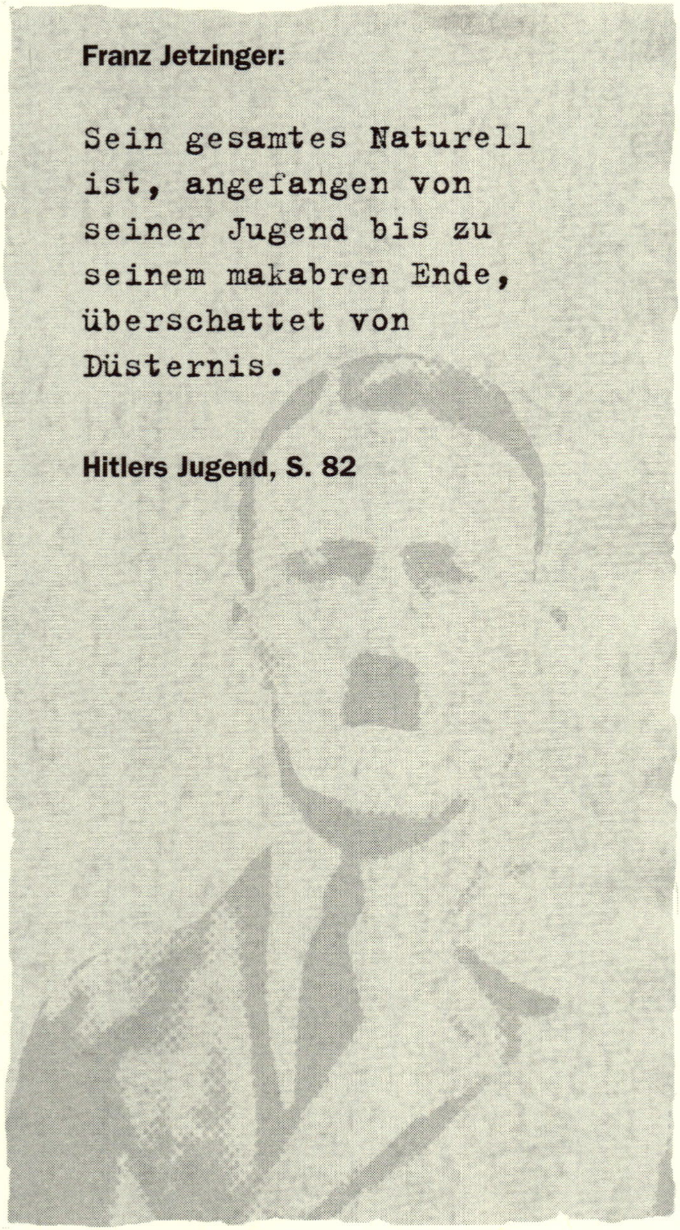

Da erreichte Adi ein Brief der Postmeisterswitwe, die eine Wohnungsnachbarin in Urfahr war. Weil sie ab und zu nach Adis Mutter sah, hatte sie seine Karte mit der Wiener Adresse in die Hand bekommen.

Die Nachbarin schrieb Adi, seine Mutter sei bettlägerig, der Krebs fresse sie auf, und wenn er sie noch lebend antreffen wolle, solle er so schnell wie möglich heimkommen. Dr. Bloch habe geraten, sie ins Spital zu geben.

Bestürzt zahlte Adi der Zakreys die Miete bis zum Jahresende im Voraus und fuhr am 22. Oktober heim, ohne sich vorher anzukündigen.

Vom Linzer Bahnhof aus ging er nicht geradewegs nach Urfahr, auch nicht in die Werkstatt der Kubizeks, sondern zu Dr. Bloch. Der seufzte und schob Adi einen Stuhl hin.

»Auch wenn sie eine Radikalbehandlung bekommt«, sagte er, »schafft sie es kaum mehr ins neue Jahr.«

»Tun Sie, was in Ihrer Macht steht«, sagte Adi und wischte sich die Tränen aus den Augen. »Geld soll keine Rolle spielen.«

Er mochte Dr. Bloch, den freundlichen Juden. Er vertraute ihm.

Als er heimkam, wurde die Mutter vor Freude munter.

»Wenn du dort nur nichts versäumst, Junge! Wirst du das Versäumte denn aufholen können?«

»Spielend«, sagte Adi mit einer großzügigen Handbewegung. »Mach dir darüber nur keine Sorgen.«

Er blieb daheim, bis die Mutter starb. Alle die Wochen ließ er sie bei dem Glauben, dass er nun Malerei studiere. Auch Gustl sagte er nicht die Wahrheit. Nur die Hannitante, die graue Maus, machte manchmal Andeutungen, aus denen sich schließen ließ, dass sie an das Studium nicht glaubte. Aber Adi hütete sich, mit Fragen nachzuhaken, und zum Glück war sie eine schweigsame

Person, vor allem jetzt, während ihre Schwester langsam starb.

Sie führte den Haushalt und versorgte die Kranke, ihn und Paula. Adi saß stundenlang neben Mutters Bett. Sie sprachen nicht mehr viel miteinander. Manchmal spielte Adi mit dem Gedanken, ihr vom Studentenleben an der Kunstakademie zu erzählen. Aber dann ließ er's. Er kannte es ja nicht. Außerdem litt sie große Schmerzen. Sie war vielleicht gar nicht mehr fähig, ihm konzentriert zuzuhören.

Dr. Bloch behandelte sie täglich mit Jodoform, um ihren Tod noch etwas hinauszuzögern. Es war eine sehr schmerzhafte Prozedur. Adi musste die Zähne zusammenbeißen, wenn er sie leiden sah. Das Jodoform wurde auf eine offene Wunde aufgetragen, verbrannte die Gewebe und drang langsam in den Körper ein. Adi wusste, dass diese Behandlung noch dazu ein starkes Brennen im Hals verursachte. Die Mutter konnte nur noch mühsam schlucken, gleichzeitig litt sie an großem Durst. Und wenn ihr auch ein paar Schlucke gelangen, so schmeckte die Flüssigkeit scheußlich, gleichgültig, was sie trank.

Ab und zu traf sich Adi in diesen Wochen mit Gustl. Mit großen Schritten lief er in der Werkstatt hin und her und behinderte Vater und Sohn.

»Unheilbar!«, rief er. »Das heißt doch nur, dass die Ärzte mit ihrem Latein am Ende sind! Würde meine Mutter hundert oder zweihundert Jahre später leben, könnte ihr wahrscheinlich geholfen werden!«

Gustl wagte nicht zu antworten. Er nickte nur. Adi war in diesen Tagen noch reizbarer als sonst.

Anfang Dezember, als der Winter einsetzte, schoben die Tante und Adi das Bett der Kranken in die Küche, die immer beheizt wurde. Den Küchenschrank manövrierten sie ins Nebenzimmer, um einer Liege Platz zu machen, auf der Adi schlief. So war die Kranke nachts nicht allein.

Gustl besuchte Adi oft. Meistens saß er einfach nur neben dem Bett der Kranken, stumm wie die anderen. Manchmal unterhielten sich die Freunde flüsternd in Adis Zimmer. Ja, es sah jetzt ganz so aus, als ob es zum Beginn des Sommersemester mit Gustls Musikstudium in Wien klappen könnte.

Nie kam die Rede auf Stefanie. Adi erwähnte sie nicht, und Gustl fragte ihn nicht nach ihr. Dieser Traum war dabei, sich zu verflüchtigen. Jetzt beschäftigte sich Adi in fast wütender Heftigkeit mit dem Tod, der sich von einem noch so verbissenen Willensaufwand nicht beeindrucken ließ. Diese schreckliche Ohnmacht!

Die Adventszeit kam, Urfahr lag im Schnee. Die Schmerzen der Sterbenden nahmen zu. Adi saß schweigend neben ihr, wenn er nicht stundenlang in seinem Zimmer hin und her lief oder mit hochgeklapptem Mantelkragen durch die Wälder oder abgeernteten Feldflächen wanderte. Einsam. Finster. Stumm.

Er aß nicht viel in diesen Wochen. Sogar Streuselkuchen, Mohnstrudel und Mehlspeisen lockten ihn nicht.

Am 20. Dezember kam Dr. Bloch nicht nur am Morgen, wie üblich, sondern auch noch am Spätnachmittag: Ein untrügliches Zeichen, dass es nicht mehr lange dauern würde.

»So ein guter Mensch«, flüsterte die Mutter erschöpft, nachdem er gegangen war. »Obwohl er Jude ist.«

Dann schlief sie eine Weile.

Auch Adi war erschöpft. Aber jetzt schlafen? Unmöglich. Die Mutter sollte nicht in Hannitantes Armen sterben, auch wenn sie deren Schwester war. Die Hannitante war ein Nichts.

Er schickte sie schlafen. Sie wollte nicht. Er musste erst heftig werden. Ja, er würde sie rufen, wenn es zu Ende ging. Sie solle nur ruhig schlafen gehen, sie habe Schlaf nötig.

Leise verschwand sie im Zimmer.

Da lag nun die Mutter und starb, und er musste damit fertig werden. Aber nicht nur das. Er hatte alles am Hals: Er musste sich um ihre Pflege kümmern, um Paula, um die Geldangelegenheiten, musste sich mit den Verwandten abgeben, wenn sie die Mutter besuchten, zum Beispiel mit den Raubals, die dann unverblümte Fragen stellten, wenn er sie an der Wohnungstür verabschiedete, musste einkaufen. Und nach dem Tod der Mutter würden all die unvermeidlichen Behördengänge auf ihn zukommen, die bisher immer andere für ihn erledigt hatten. Dieses demütigende Vor-Schaltern- und Vor-Schreibtischen-Stehenmüssen! Dieses Sich-Ausliefernmüssen an die Launen engstirniger und ihre Macht auskostender kleiner Beamter!

Und danach war vielleicht sogar noch die Haushaltsauflösung fällig. Er war der leibliche Sohn, war zuständig für diese traurige und überaus profane Notwendigkeit. Kaffeetassen, Nachttöpfe, Federbetten an die Verwandtschaft verteilen! Die Wäsche, die Kleider und Schuhe der Mutter sortieren nach Weitergebbarem und Nicht-Weitergebbarem – wo ihm doch alles, was sie je getragen hatte, nicht gleichgültig sein konnte!

Und das Begräbnis: Es würde ein Albtraum sein mit dem unvermeidlichen Beileidsgeraune, den Küssen, den Umarmungen, der Jause danach und dem salbungsvollen Getue! Nicht daran denken. Diese Zukunft war zu nah, als dass man sie ertragen konnte. Eine Dampfwalze, so groß, dass sie die Sicht auf das, was danach kam, verdeckte.

Nicht daran denken.

Wenn nur Gustl jetzt nicht kam. Er würde ihn nicht ertragen können. Die Mutter gehörte nur noch ihm. Nur ihm! Nicht einmal mehr der Paula, die drüben im Wohnzimmer schlief. Nur ihm.

Eine Fliege summte. Adi sah sie über dem Herd kreisen. Eine richtige fette Schmeißfliege. Woher kam sie, jetzt, mitten im Winter? War sie in der Küchenwärme zum Leben erwacht?

Wenn doch nur Gustl nicht kam. Er schaute zur Mutter hinüber, beugte sich über ihr Gesicht. Sie schlief ruhig. Ja, sie atmete, man konnte es deutlich sehen.

Jetzt kreiste die Fliege über dem Abfalleimer. Ein widerliches Vieh. Und so unverschämt laut summte sie!

Die Mutter seufzte, öffnete die Augen und schloss sie wieder.

»Eine Fliege«, murmelte sie.

»Sie ist gleich weg«, flüsterte Adi. »Schlaf nur.«

Sie warf den Kopf auf die andere Seite und stöhnte.

Adi beugte sich über sie. »Hast du Schmerzen? Möchtest du etwas trinken?«

»Sie summt so laut.«

Die Mutter schloss die Augen und schlief wieder ein.

In großen Kurven zog die Fliege durch die Küche. Und nun begann sie über der schlafenden Mutter zu kreisen.

Nein! Adi sprang auf. Das war zu viel. Die Mutter lebte noch. Solange er hier wachte, sollte sie, tot oder lebendig, von Fliegen unbehelligt bleiben!

Er versuchte das Insekt zu fangen. Es entkam. Für eine Weile setzte das Summen aus. Dann flog sie wieder, die Schmeißfliege, kreiste in Spiralen, senkte sich …

Adi geriet in Wut. Das verdammte Vieh musste doch zu erwischen sein! Er fluchte.

Die Hannitante öffnete die Tür zur Küche. Mit wachen Augen warf sie einen Blick auf die Schlafende. »Ist was?«

»Nur eine Fliege«, flüsterte Adi und schickte sie mit einer Handbewegung weg. Die Tür schloss sich wieder.

Die Fliege schoss jetzt erregt hin und her, knallte gegen die Wand, landete auf der Bettdecke. Die Gelegenheit! Adi krümmte die Handfläche und schwang sie. Und schon hatte er den Brummer in seiner Gewalt. Zufrieden schloss er die Faust. Es summte in ihr. Mit Genugtuung hörte er kurz zu, spürte das Gekrabbel, schob dann den anderen Daumen in die Faust und zerdrückte das Tier.

Ja, Paula schlief. Sie konnte schlafen. Was verstand sie schon von dem, was da mit ihrer Mutter vorging. Sie hatte begriffen, das kleine Ding, dass die Mutter nicht mehr lange da sein würde. Und sie hatte auch begriffen, dass sie danach bei Angela leben würde. Wo es nicht so traurig zuging wie hier. Wo sie mit dem kleine Leo spielen konnte, mit dem Knirps, ein Jahr alt. Und wo bald ein zweites Baby da sein würde, ein ganz winziges. *Dort* waren ihre Gedanken!

Ach, was hatte Paula schon mit der Mutter zu tun? Mit *seiner* Mutter?

Adi holte den Skizzenblock aus seinem Zimmer und begann die Schlafende zu zeichnen. Ihr schmales, verhärmtes Gesicht, ihr schweißnasses Haar, ihre geschlossenen Augen. Er radierte, verbesserte, radierte wieder, schüttelte den Kopf. Die da auf dem Papier blieb eine Fremde.

Wie alt sie aussah – und war doch erst siebenundvierzig!

Es klopfte. Hastig verstecke Adi den Skizzenblock unter dem Sitzkissen des Stuhles, auf dem er saß, und schlich hinaus an die Wohnungstür. Das konnte nur Gustl sein.

Dass er's nicht lassen konnte! Wenn sie nur nicht wach wurde!

Ja, es war Gustl mit diesem Gesicht eines treuen Hundes. Adi legte den Zeigefinger vor den Mund und machte ihm heftige Zeichen. Er kam ungelegen, Herrgott noch mal! Es war ja gut gemeint, aber das war *seine* Nacht! Verstand er das denn nicht?

Gustl kehrte betroffen um, ohne zu fragen.

Adi wollte gerade die Wohnungstür wieder schließen, als er Geräusche in der Küche hörte. Die Mutter war also doch aufgewacht. Adi warf Gustl, der noch einmal zurückschaute, einen grimmigen Blick zu: Da siehst du, was du angerichtet hast!

Aus der Küche war jetzt ein leiser Ruf zu hören, ein mühsames Geröchel. »Gustl«, keuchte die Mutter, »Gustl ...«

Adi musste Gustl hereinholen. Der beugte sich über sie.

»Bleiben Sie sein Freund«, flüsterte sie. »Er hat ja sonst niemanden ...«

Gustl nahm ihre Hand in seine Hände und sagte »Ja, Frau Klara, Sie können sich darauf verlassen.«

Adi stand finster daneben. Er kam sich vor wie ein Depp. Er brauchte niemanden. Er war nicht auf Freunde angewiesen. Auch nicht auf Gustl. Nun ja, mochte ihr sein Versprechen als Trost und Hoffnung dienen und ihr das Sterben erleichtern. Dann hatte es ja seinen Sinn erfüllt.

Gustl verschwand. Sogar das Treppenhaus hinunter ging er noch auf Zehenspitzen. Begreiflich, dass er gegangen war: In der Küche roch es nicht gut. Nicht nur nach Mensch, sondern auch nach Tod.

Noch einmal versuchte Adi, die Mutter zu zeichnen, aber jetzt lag sie ganz anders, und ihr Gesicht war nicht der Lampe zugewandt. Da gab er's auf.

Sie starb in den frühen Morgenstunden des nächsten Tages, drei Tage vor Weihnachten. Adi hielt noch ihre Hand, als diese schon längst kalt war.

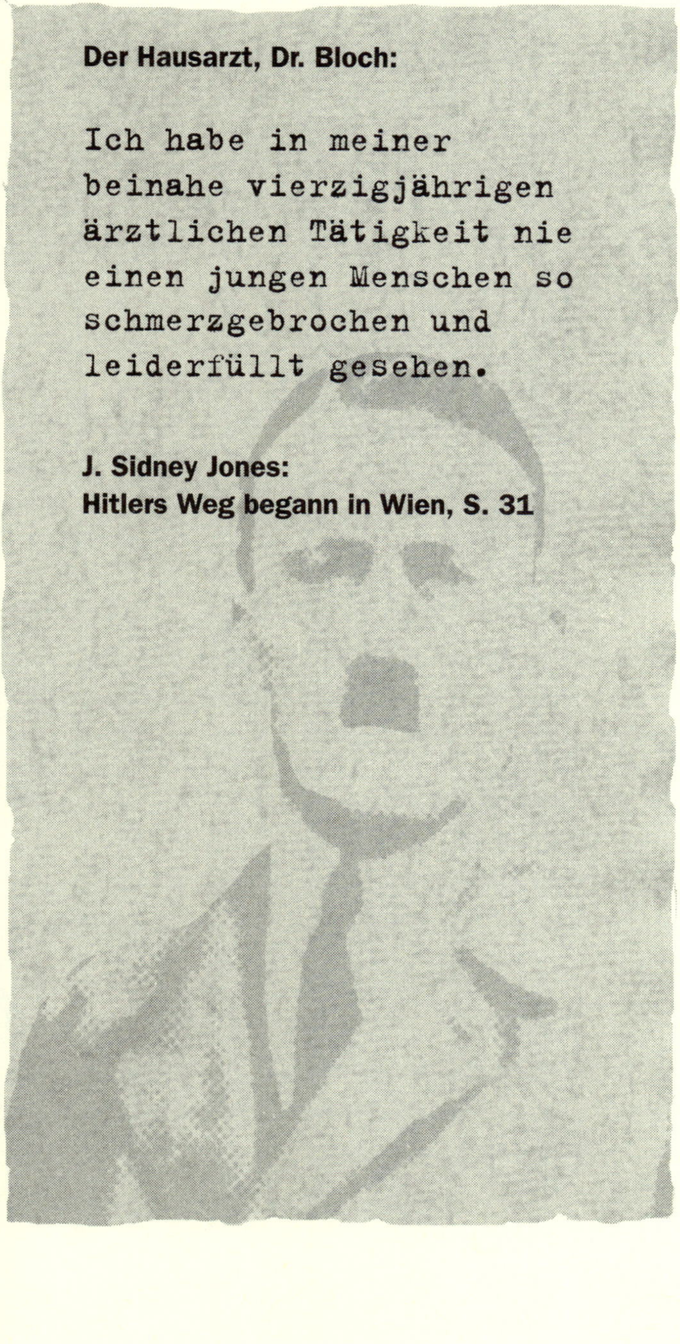

Der Hausarzt, Dr. Bloch:

Ich habe in meiner beinahe vierzigjährigen ärztlichen Tätigkeit nie einen jungen Menschen so schmerzgebrochen und leiderfüllt gesehen.

J. Sidney Jones:
Hitlers Weg begann in Wien, S. 31

Paula bekam das, was geschehen war, erst am späten Vormittag mit, als sie von dem dauernden Herein und Hinaus der Verwandten und Nachbarn und des Arztes, der den Totenschein ausstellte, erwachte. Die ungewohnte Atmosphäre verstörte sie. Gleichzeitig schien sie aber erleichtert zu sein, dass das Bedrückende nun ein Ende hatte und sie bald zu Angela ziehen würde. Dort würde es ja so schön, so schön sein!

Das hatte ihr die Mutter immer wieder erzählt, und die Hannitante hatte es bestätigt.

Adi hatte den Abschied schon vor Mutters Tod ausgiebig geprobt. Jetzt fühlte er sich leer. Aber er hatte etwas dazugelernt, hatte sich mit dem anderen Tod vertraut gemacht, dem hässlichen, unappetitlichen, animalischen, der mit den Toden der Recken in den Heldensagen nichts gemein hatte.

Für die Mutter konnte er nichts mehr tun. Er würde sie im Medaillon mitnehmen nach Wien. Das war alles.

Aber als der Arzt kam, um den Totenschein auszustellen, dieser kleine gütige Jude, da brach der ganze Jammer doch aus Adi heraus, da schüttelte ihn der Schmerz: Nur sie, nur sie hatte ihn gemocht! Nur sie, nur sie hatte er wirklich lieb gehabt!

Dr. Bloch versuchte ihn zu beruhigen. »Aber, aber, junger Freund«, sagte er und zog ihn an sich, »versuchen Sie, den Verlust wie ein Mann zu tragen. Und wenn ich irgendwie helfen kann, lassen Sie es mich wissen …«

Zwei Tage später, am 23. Dezember, wurde die Mutter in Leonding begraben, an der Seite ihres Mannes. Man hatte an nichts gespart. Trotzdem folgte nur eine armselige Zahl Trauernder dem Sarg. Ein paar Nachbarn, ein paar Verwandte.

Adi führte mit Schwager Raubal den Zug an. Zwischen

ihnen schritt Paula. Die Hannitante war sich irgendwo unter den übrigen Frauen. Adi trug die schwarzen Glacéhandschuhe und hielt den Zylinder in der Hand. So gehörte es sich. Der Mantel verbarg den dunklen Anzug.

Er begegnete neugierigen Blicken: Das also war der Sohn, um den sich Frau Klara so viele Sorgen gemacht hatte.

Auch Angela war da. Aber so hochschwanger, wie sie war, wäre es unschicklich gewesen, sich unter den Trauernden sehen zu lassen. Adi schaute hinüber zum Zweispänner an der Friedhofsmauer. Dort wartete sie, warm eingepackt, im Wagen. Die Niederkunft war fällig. Wieder ein Raubal. Wer weiß, wie viele noch zu erwarten waren, das Raubalpaar war jung. Bald würde fast die ganze Verwandtschaft nur noch aus Raubals bestehen. Eine Welt voller Raubals – ein Albtraum!

Adi musste an Alois denken, seinen Stiefbruder, sieben Jahre älter als er, ein Jahr älter als Angela, dessen Schwester. Nur den Vater hatten er und die beiden gemeinsam. Eigentlich gehörte Alois auch hierher, denn die Mutter hatte ihn aufgezogen seit seinem zweiten Lebensjahr.

Adi konnte sich noch an ihn erinnern. Ein aufgeweckter Bursche war er gewesen, deshalb hatte ihn der Vater auf die Realschule in Linz geschickt. Aber von dort war er eines Tages fortgegangen. Einfach verschwunden. Adi hatte nie herausbekommen, wie. Jedenfalls nicht mit der Einwilligung des Vaters.

Und nun war er, wie es hieß, Kellner in Paris. Manchmal, sehr selten, schrieb er Angela eine Ansichtskarte.

Auch einer, der aus der Enge herausgestrebt hatte und auch wirklich gegangen war. Dafür hatte ihn der Vater enterbt. Nur das Pflichtteil war ihm zuerkannt worden.

Adi hatte immer ein bisschen Sympathie für den Stiefbruder empfunden, das schwarze Schaf in der Familie. Aber dass er nach Paris gegangen war! Warum nicht nach München, Frankfurt oder Hamburg?

Am Morgen nach der Beerdigung machten Adi und Angela Dr. Bloch einen Besuch, um ihm die dreihundert Kronen zu zahlen, die sie ihm noch schuldeten.

Der Arzt schüttelte beiden die Hand. »Ja, sie war eine gute Frau«, sagte er. »Eine von den stillen, tapferen im Hintergrund. Sie haben kalte Hände, junger Freund. Kreislaufprobleme? Mehr Bewegung und kalt abwaschen!«

Adi senkte den Kopf und schwieg.

Er geleitete Angela noch hinaus über die vereiste Straße zu dem Einspänner, der sie auch hergebracht hatte.

»Komm doch heute Abend zu uns«, sagte sie zu ihm, bevor sie sich trennten. »Die Hannitante und Paula kommen auch. So allein am Heiligen Abend, das ist doch nichts. Leo hat mir's extra aufgetragen, dich einzuladen.«

Adi schüttelte den Kopf. Da würden sie wieder auf ihn einreden. Und überhaupt, diese Beamtenatmosphäre. Danke für die Einladung, aber er bleibe lieber allein.

Da war eine leere Wohnung, in der alles an die Tote erinnerte, immer noch leichter zu ertragen.

Am Abend leistete ihm die Hannitante noch eine Weile Gesellschaft. Sie hatte ihm Mohnstrudel gebacken, den er für sein Leben gern aß. Sie saßen zusammen in der Küche, und man konnte sich vorstellen, dass jederzeit die Wohnzimmertür aufgehen und die Mutter erscheinen würde.

Das Licht der Lampe warf den Schatten von Hannitantes Buckel an die Wand.

»Nicht wahr, du gehst gar nicht in die Akademie?«, sagte sie plötzlich.

Adi wich ihrem Blick aus und schwieg.

»Ich verrat nichts«, sagte sie ruhig. Und nach einer Weile: »Ich hab auch meine Träume gehabt, das kannst du mir glauben. Aber wenn man Frau ist und noch dazu so ausschaut wie ich, da hilft einem auch das Ausbrechen nicht. Da bleibt einem nichts anderes übrig, als stumm zu werden und im Hintergrund zu bleiben.«

Damit ließ sie ihn sitzen und ging zu den Raubals.

Der Nachlass wurde verteilt. Den Haushalt brauchte Adi nicht aufzulösen. Diese Arbeit wollte ihm die Hannitante abnehmen. Denn Paula sollte erst zu den Raubals ziehen, wenn die Entbindung stattgefunden hatte und die Wöchnerin wieder auf den Beinen war. Bis dahin wollte die Hannitante mit Paula in der alten Wohnung bleiben. Und wenn alles erledigt sein würde, wollte sie heimkehren nach Spital, wo sie geboren war und wo noch ihre Schwester lebte. Ihr und ihrem Mann wollte sie in der Bauernwirtschaft helfen.

Das Kind, ein Mädchen, das auch Angela getauft wurde, kam am vierten Januar zur Welt. Angela, die Mutter, überredete die Hannitante, ihr während der ersten Wochen im Haushalt zu helfen. Die sagte zu, und Adi sah wieder einmal einen Anlass, sich über die Raubals zu ärgern. Sie nutzten die Hannitante, die Gutmütige, nur aus! Was würden sie ihr als Lohn zahlen? Wahrscheinlich gar nichts. Als Verwandte arbeitete sie ja für Gotteslohn!

Adi hatte schon gleich nach dem Tod der Mutter die Waisenrente für sich und Paula beantragt. Jetzt wartete er Tag für Tag ungeduldig auf die Bewilligung. Notgedrungen schickte er der Zakreys die Miete für die ersten beiden Monate des neuen Jahres, damit ihm das Zimmer blieb. Der Januar ging vorbei, der Februar kam – und kein Brief von der Finanzlandesdirektion! Stattdessen begannen die Verwandten wieder zu drängen, er solle doch endlich eine Lehre anfangen oder arbeiten gehen. Ein Nachbar, ein Postbeamter, wollte ihm eine Lehrstelle bei der Post verschaffen. Adi bemühte sich, ihm und den Verwandten so selten wie möglich zu begegnen. Deshalb hielt er sich fast jeden Tag bei Gustl auf.

Der wunderte sich: »Kannst du denn so lange vom Studium fernbleiben? Du versäumst doch wahnsinnig viel!«

»Im Kunststudium ist das anders«, erklärte Adi überlegen. »Da geht's ja vor allem ums Skizzieren. Das kann man nachholen.« Dann brachte er das Gespräch schnell auf ein anderes Thema.

»Die quälen mich, meine Leute«, klagte er Gustls Mutter. »Wenn die Bewilligung nicht bald kommt, geh ich ohne sie nach Wien zurück. Ein bisschen Bares hab ich ja. Mutters Erbschaft. Damit komm ich erst mal über die Runden, bis die Bewilligung durch ist.«

Für Gustl sollte sich nun auch bald vieles ändern. Es war jetzt alles geklärt und abgesprochen, die Eltern hatten sich mit seiner Entscheidung abgefunden. Gegen Ende Februar würde er ebenfalls nach Wien kommen!

Ihn schien es zu enttäuschen, dass sich Adi nicht richtig freute. Nein, Adi war gar nicht wohl bei dem Gedanken, Gustl bald bei sich in Wien zu haben. Es würde schwierig werden, vor ihm geheim zu halten, dass er nicht studierte.

»Ist dir nicht recht, wenn ich komme?«, fragte Gustl betroffen.

Adi wies auf den Tod seiner Mutter hin. Der überschatte eben noch jede Freude.

Auch die Erinnerung an Stefanie.

Als die Bewilligung bis zum 11. Februar noch immer nicht eingetroffen war, verlor Adi die Geduld. Am nächsten Tag reiste er nach Wien ab. Gustl half ihm, seine vier schweren Koffer auf den Bahnhof zu schaffen.

Ohne Illusionen nahm Adi von Linz Abschied. Er wusste, dass es kein flüchtiger, kein kleiner Abschied war. Die Mutter war ja tot. Ihn würde nichts mehr hierher ziehen. Auch nicht seine kleine Schwester.

Aber er nahm einen Trumpf mit, der seinen Frust ausglich: Während der vergangenen Trauerwochen war er mit der Hausbesitzerin in Urfahr ins Gespräch gekommen und hatte Vertrauen zu ihr gefasst. Frau Magdalena Hanisch war seiner Mutter wohlgesonnen gewesen und hatte Adi bei der Abwicklung der Formalitäten geholfen. Sie und ihn verband eine Gemeinsamkeit, obwohl sie schon seine Mutter hätte sein können: Sie verachteten die Spießbürgerlichkeit, vor allem aber die Beamtenmentalität. Adi hatte Frau Hanisch sogar anvertraut, dass er von der Wiener Kunstakademie abgelehnt worden war. Sie war, außer der Hannitante, die einzige Mitwisserin dieses Geheimnisses.

Zufällig hatte er in einem Gespräch mit Frau Hanisch auch Professor Roller erwähnt, den er sehr bewunderte. Roller war Direktor des Ausstattungswesens der Hofoper und Lehrer an der Wiener Kunstgewerbeschule. Er arbeitete eng mit dem Komponisten Gustav Mahler zusammen, dem Direktor der Hofoper, der auch die Wagner-Opern inszenierte. Roller hatte für dessen Rienzi-Aufführung die Bühnenbilder entworfen, die Adi genial fand.

Frau Hanisch hatte eine Freundin in Wien, die mit Professor Roller gut bekannt war. Und so hatte Frau

Hanisch an diese Freundin geschrieben, sie möge dem Roller den jungen, angehenden Maler empfehlen.

Das hatte sie getan, und Roller, der international berühmte Mann, hatte geantwortet:

Liebe verehrte gnädige Frau,

herzlich komme ich Ihrem Wunsche nach. Der junge Mann soll nur kommen und soll Arbeiten mitbringen, damit ich sehe, wie es mit ihm steht. Ich will ihm nach bestem Gewissen raten so gut ichs eben verstehe. Er trifft mich täglich in meinem Bureau in der Oper, Eingang Kärnthnerstraße, Directionsstiege, um 1/2 1 und um 1/2 7 Uhr. Wenn ich gerade nicht im Bureau anwesend bin, so ruft mich der Diener telefonisch herbei. Es kommt selten vor, dass ich zu diesen Stunden nicht im Hause anwesend bin. Wenn er es gerade so ungünstig trifft, so soll er sich nicht abschrecken lassen, sondern am nächsten Tag wieder kommen.

Artig, in seiner besten Schönschrift, hatte sich Adi bei Frau Hanischs Wiener Freundin bedankt. Und nun hing ihm, während er sich Wien näherte, der Himmel voller Geigen. Von Roller, diesem berühmten Mann, beraten zu werden! Sich ihm überhaupt präsentieren zu dürfen – was für ein Privileg! Ein Schüler von Roller zu sein – das würde ihm alle Türen öffnen!

Und noch etwas sehr Beruhigendes hatte er bei sich: Mutters Erbteil. Nicht viel – aber für ein paar Monate würde es langen.

Das Zimmer bei der alten Zakreys war während Adis Abwesenheit nicht gemütlicher geworden. Aber Gemütlichkeit roch schon wieder nach Spießbürgerlichkeit. Adi war auf Gemütlichkeit nicht angewiesen. Er schob ein paar Holzscheite in den Ofen. Es genügte, wenn das Zimmer warm war.

Er packte seine Koffer aus, die er in zwei Gängen vom Bahnhof in die Stumpergasse hatte schleppen müssen. Vergeblich versuchte er, seine ganze Habe in den Schrank zu stapeln. Nichts, was ihm gehörte, hatte er in Linz gelassen. Was hatte er denn noch mit Linz zu schaffen? Sein Zuhause war jetzt hier!

Aber der Schrank war viel zu klein. Etwa die Hälfte der Sachen, die er mitgebracht hatte, musste er in den Koffern lassen. Die türmte er auf den Schrank. Ganz obenauf legte er die Mappe mit seinen Zeichnungen und Aquarellen.

Endlich im Bett, musste er doch an Gustl denken. Wenn der jetzt da wäre, hätte er jemanden zum Zuhören. Gustl war ein so guter Zuhörer. Und er würde sicher nicht so schnell hinter das Geheimnis kommen. Man musste sich halt vorsehen, musste ihm was vormachen, musste ein bisschen schwindeln ...

In der Nacht plagten ihn wieder die Wanzen. Sie trieben ihn schon früh aus dem Bett. Verschlafen streifte er durch die winterliche Stadt und wärmte sich in einem Café auf.

Ob er jetzt schon zu Roller ...?

Aber nein, er konnte ihn ja nur um halb eins oder halb sieben treffen. Und er musste auch seine Mappe mit den Zeichnungen dabeihaben. Um halb eins, ja, um halb eins wollte er hingehen!

Auf dem Heimweg kaufte er billiges Briefpapier ein. Kaum in seinem Kabinett, setzte er sich an den wackligen Tisch, wischte die Krümel des letzten Essens weg und schrieb ein paar lockere Zeilen an Gustl.

Lieber Freund!

Warte schon sehnsuchtsvoll auf Nachricht von deinem kommen. Schreib bald und bestimmt damit ich alles zum feierlichen Empfang bereit mache. Ganz Wien wartet schon.

Also komm bald. Hole dich natürlich ab. Jetzt beginnt hier ein wenig schönes Wetter Hoffentlich ändert es sich bis dorthin. Also wie gesagt erst bleibst du bei mir. Werden dann schon beide sehn. Klavier bekommt man hier im sogenannten Dorotheum schon wirklich um 50 – 60 fl. Also viele Grüße an dich sowie deine werten Eltern von deinem Freund

Auf einen Schnörkel rund um seinen Namen verzichtete er diesmal. Darunter schrieb er:

Bitte nochmals komme bald!

Dann übermannte ihn die Müdigkeit. Als er aufwachte, war es für einen Mittagsbesuch bei Roller zu spät.

Hochgestimmt trabte er am Abend in Richtung Oper, die Mappe unterm Arm, Bügelfalten in den Hosen, die Strähne über der Stirn mit Pomade in Form gebracht. Er konnte sich sehen lassen. Frau Zakreys hatte »Fesch, fesch!« gerufen!

Er hatte alles genau im Kopf: Eingang Kärnthnerstraße, Directionsstiege, nach Professor Roller fragen. Wenn er gerade nicht anwesend sein sollte, würde ihn der Diener telefonisch rufen.

Er geriet ins Träumen: Wenn Gustl nach Wien kam, konnte er, Adi, nun lässig mit der Wahrheit herausrücken: Zwar sei er von der Akademie der Bildenden Künste abgelehnt worden, sei aber Privatschüler von Professor Roller persönlich, dem berühmten Roller!

Siegesgewiss, in stolzer Zuversicht, stapfte er durch den Wiener Schneematsch. Pferdeäpfel dampften, umhüpft und bepickt von Spatzenscharen. Adi pfiff ein Wagner-Leitmotiv, mit sich und der Welt zufrieden.

Aber je näher er der Oper kam, umso schneller klopfte sein Herz. Ob Roller …? Und was, wenn Roller die Zeichnungen …?

Eine Weile später ging Adi wieder zurück, etwas blasser und mit einem etwas weniger durchgedrückten Rücken. Er hatte sich nicht getraut, die Directionsstiege hinaufzusteigen. Wie, wenn Roller seine künstlerische Begabung auch für unzureichend hielt?

Dann wäre alle Hoffnung zunichte. Nein, die Hoffnung wollte er sich noch eine Weile erhalten. Vielleicht würde er es morgen noch einmal versuchen. Oder übermorgen?

Noch ein bisschen Zeit haben zum Träumen: Adi sah sich als Rollers Assistent auf der Bühne, im Atelier, zwischen riesigen Entwürfen, ja als einen gut bezahlten Künstler im Dienst der Hofoper, der in dieser Tätigkeit Innenraumgestaltung, Musik, Malerei und Bühnenillusion vereinen konnte – oder sogar als gleichwertigen Partner Rollers, ihn bald überflügelnd, ihn hinter sich zurücklassend, den Ruhm Rollers mit seinem eigenen überschattend …

Adi versuchte es noch dreimal. Gleich am nächsten Tag schaffte er es bis auf die Stiege hinauf, die Directionsstiege. Aber als ein Mann erschien und ihn nach seinem Anliegen fragte, fiel ihm nicht ein, dass er ja ein Empfehlungsschreiben vorwiesen konnte. Er stotterte nur: »Ich glaub, ich bin hier falsch«, und machte, dass er davonkam.

Sich vorzustellen, dass Roller sagen könnte …!

Am übernächsten Tag machte sich Adi wieder fein – so fein, dass Frau Zakreys ihm zuzwinkerte: »Da ist wohl ein Fräulein im Spiel, nicht wahr?« – und zog los, Rollers Empfehlungsschreiben wieder im Jackett. Er zwang sich bis zum Eingang in der Kärnthnerstraße. Aber dort klopfte ihm das Herz so sehr, dass ihn Panik erfasste.

Er kehrte um. Erleichtert erreichte er die Stumpergasse 31.

Als er in sein Kabinett schlüpfen wollte, reichte ihm die

Zakreys eine Postkarte. Absender: August Kubizek. Gustl kündigte voller Freude seine Ankunft auf dem Westbahnhof für den übernächsten Tag an.

Adi machte sich noch einmal auf den Weg zu Roller. Nicht am nächsten, sondern erst am übernächsten Tag, demselben, an dem Gustl in Wien ankommen wollte. Er ging schon morgens los und umrundete das Gebäude der Hofoper unschlüssig. Immer enger wurden die Kreise. Einmal versuchte er sich mit einem Kaffee eine Gnadenfrist zu verschaffen und sich Mut einzuflößen. Aber noch bevor er wieder in die Kärnthnerstraße einbog, gab er auf.

Vielleicht noch einmal eine solche Niederlage einstecken wie im vergangenen Herbst in der Akademie? Nein. Nur *das* nicht.

Er zog das Empfehlungsschreiben aus der Brusttasche, zerriss es in tausend winzige Fetzen und streute sie in den Schnee.

So. Jetzt konnte er weiterhin ungestört davon träumen, dass Roller ihn begeistert aufgenommen hätte, wenn er, Adi, nur zu ihm gegangen wäre …

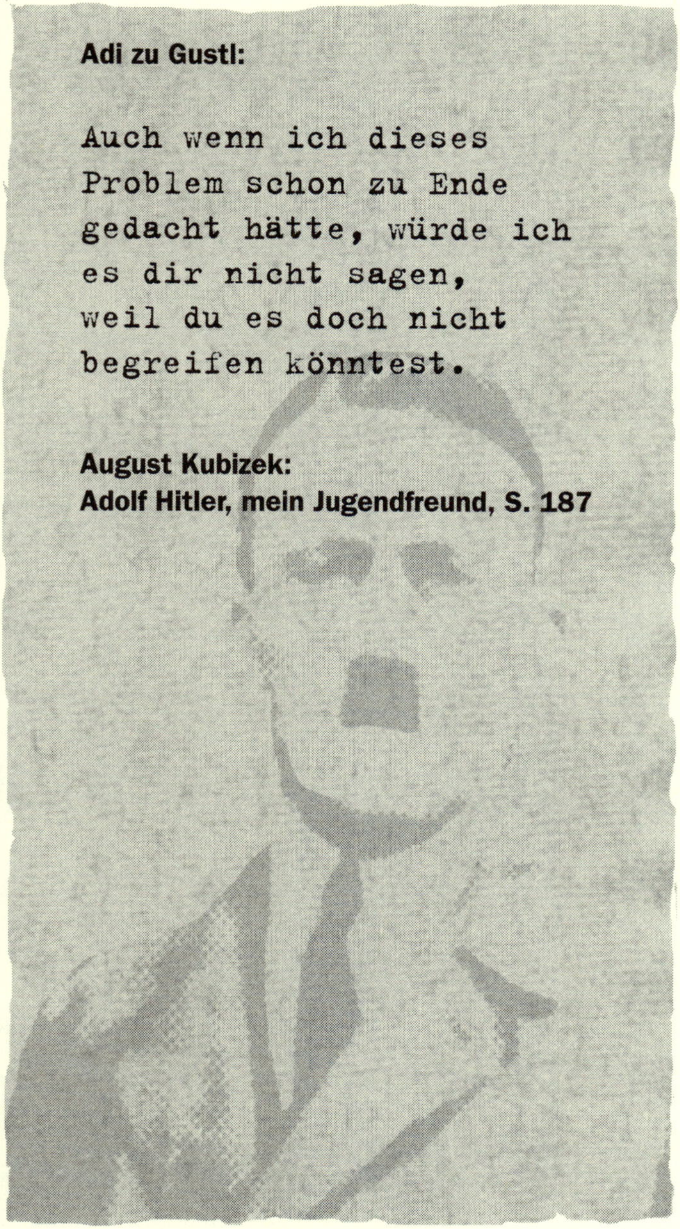

Adi zu Gustl:

Auch wenn ich dieses
Problem schon zu Ende
gedacht hätte, würde ich
es dir nicht sagen,
weil du es doch nicht
begreifen könntest.

August Kubizek:
Adolf Hitler, mein Jugendfreund, S. 187

Gustl kam um sechs Uhr abends an. Adi empfand doch Freude, als er ihn durch die Sperre kommen sah. Gewiss, man sah ihm den Provinzler sofort an, obwohl ihn seine Eltern neu eingekleidet hatten. Aber das Wiener Leben würde in seiner Gesellschaft leichter sein.

Handschütteln, Wangenkuss – dann schnell fort aus dem Gelärme und Gehaste. Zu zweit ließ sich der schwere Koffer wegschleppen. Draußen auf dem Bahnhofsvorplatz bestaunte der Gute, noch ganz benommen, die modernen elektrischen Bogenlampen, die alles in fast taghelles Licht tauchten.

Aber über Adis Kabinett schien er einigermaßen entsetzt zu sein. Natürlich – für beide war es zu klein. Man würde am nächsten Tag auf Zimmersuche gehen müssen.

Die Zakreys war nicht daheim. Adi räumte seine vielen Papiere vom Tisch, trug Brot herbei und langte eine Flasche mit Milch von der Fensterbank.

Gustl staunte. »Lebst du nur von Brot und Milch?«

Adi wunderte sich. »Warum nicht? Gesund und billig.«

Gustl räumte Milch und Brot wieder weg und trug auf, was ihm seine Mutter eingepackt hatte: kalten Schweinebraten, Kuchen, Schmalz, Linzer Brot. Adi staunte.

»Greif zu«, sagte Gustl schlicht.

Mitten im Essen klopfte die Zakreys. »Besuch?«

Adi stellte Gustl als Musikstudenten vor, und sie nickte beflissen: »Sehr erfreut, sehr erfreut. Bleibt der Herr über Nacht? Dann werde ich ein Lager richten.«

Eine gute Seele. Kein solcher Besen wie viele Zimmervermieterinnen. Und auch nur mäßig neugierig.

Gustl gähnte nach dem Essen, aber Adi ließ seine Müdigkeit nicht gelten. Jetzt schon schlafen gehen? Wie konnte ein Mensch, zum ersten Mal in Wien, sich ins Bett legen, ohne die Hofoper gesehen zu haben?

Todmüde latschte Gustl den ganzen langen Weg neben Adi her. Sie erreichten die Oper noch vor dem Ende der Vorstellung. Der Prunk machte Gustl wach. Das war etwas anderes als das bescheidene Linzer Theater!

Auch der Stephansdom musste gebührend bewundert werden, und zuletzt bestand Adi darauf, Gustl die Kirche Maria-am-Gestade zu zeigen, denn sie sei etwas Besonderes.

Gustl taumelte nur noch. Durch dicken Nebel wanderten sie in die Stumpergasse zurück. Lange nach Mitternacht kamen sie vor der Haustür Nr. 31 an. Sie war verschlossen. Es blieb ihnen nichts anderes übrig, als den Hausmeister aus dem Bett zu klingeln und ihn mit einem Obulus zu besänftigen.

Im Kabinett fanden sie ein improvisiertes Matratzenlager auf dem Fußboden vor. Gustl schaffte es kaum noch, sich auszuziehen. Als Adi ihm seine neuen Pläne zu schildern begann, gab er keine Antwort mehr.

Am nächsten Morgen war Gustl früh munter. Adi blieb nichts anderes übrig, als auch aufzustehen. Mutter Kubizeks Vorräte waren noch lange nicht aufgebraucht. Gesättigt zogen sie los, um ein Zimmer für Gustl zu finden.

»Musst du heute nicht in die Akademie?«, fragte Gustl.

»Ich hab mir extra frei genommen«, antwortete Adi. »Du gehst vor.«

Sie klapperten die ganze nähere Umgebung ab. Vergeblich. Entweder war der angebotene Raum zu teuer – oder zu klein für ein Klavier. Oder die Vermieter erlaubten kein Klavierspiel.

Endlich stießen sie auf ein Angebot, das ihnen verheißungsvoll erschien: ein nicht zu teures, elegant eingerichtetes, geräumiges Zimmer, in das – neben dem üblichen Mobiliar – sogar zwei Flügel hineingepasst hätten. In der Mitte des Raumes stand ein prunkvolles Doppelbett. Die Vermieterin im Morgenmantel, eine reife Dame, ließ Adi nicht aus dem Blick und zeigte sich enttäuscht, als sie erfuhr, dass nicht er, sondern Gustl ein Zimmer suchte.

»Haben *Sie* denn schon ein Zimmer?«, fragte sie Adi.

Als der nickte, schlug sie ihm sogleich vor: »Dann ziehen Sie doch hier ein und überlassen Ihrem Freund Ihr bisheriges Zimmer!«

Dabei öffnete sich für einen Augenblick ihr Morgenrock.

Adi bekam einen ganz heißen Kopf, fasste nach Gustl und zog ihn mit sich hinaus. Das Kichern hinter ihnen wurde leiser.

»Pfui Teufel!«, stieß Adi wütend aus, als sie wieder auf der Straße waren.

Gustl hatte es die Sprache verschlagen. Aber schon war Adi eine Lösung eingefallen, die jede weitere Sucherei überflüssig machte. Sie kehrten in die Stumpergasse zurück und überredeten die Zakreys, ihnen deren eigene größere, zweifenstrige Stube gegen Adis Kabinett einzutauschen. Für 20 Kronen im Monat.

Es dauerte eine Weile, bis die Alte die Konsequenzen dieses Raumtausches durchdacht hatte. Dann sagte sie zu. 20 Kronen im Monat statt 10, das gab den Ausschlag. Sie hatte auch nichts gegen die Klavier-Überei einzuwenden. Da falle gratis Musik für sie ab, meinte sie.

Mit Feuereifer gingen sie sogleich an die Ummöblierung. Alles hier raus – dort rein. Und umgekehrt. Was für ein Geschiebe, Gescharre, Geächz!

Alle drei waren mit dieser Lösung zufrieden: Die Zakreys verdiente mehr, die Freunde blieben zusammen.

Am nächsten Spätvormittag, als Adi aufwachte, war Gustl schon fort. Um die Nachmittagszeit kehrte er aus dem Konservatorium heim. Aufnahmeprüfung bestanden.

Eine allgemeine Gehörprüfung, erzählte er leichthin, dann vom Blatt singen, Klausurarbeit in Harmonielehre, kurze mündliche Prüfung in Musikgeschichte, zum Schluss die Bülow-Kramer-Etüden auf dem Klavier. Nun sei er eingeschriebener Student. Und einen Flügel habe er auf dem Heimweg auch schon gemietet.

Adi war käsebleich geworden. Mit aufgerissenen Augen starrte er Gustl an. Seine Hände zitterten.

»Was hast du denn?«, fragte Gustl verwundert.

Adi hatte sich schnell wieder in der Gewalt. »Ich wusste gar nicht«, sagte er mit sarkastischem Unterton, »dass ich einen so gescheiten Freund habe …«

Gustl reagierte ratlos. Freute sich Adi denn nicht mit?

Adi zuckte mit den Schultern. Gustl verstand wieder mal nichts.

In den nächsten Tagen war Adi knurrig und gereizt, und als der Flügel gebracht wurde, schimpfte er wild, obwohl ihm Gustl diese Lieferung angekündigt hatte.

Gustl war mit dem Flügel zufrieden. Ein ganz passables Instrument, zehn Kronen Miete im Monat.

»Hätte es nicht auch ein Klavier getan?«, schimpfte Adi. »Wie soll ich denn jetzt hin und her gehen können?«

»Nein, ein Klavier hätte nicht genügt«, wagte Gustl zu entgegnen. »Wie soll ich Kapellmeister werden ohne Flügel?«

Adi brauchte natürlich auch Platz für seine Endloswanderungen. Die waren für ihn so lebensnotwendig wie für Gustl der Flügel – wenn nicht noch notwendiger.

»Ich glaube, ich sollte mir doch ein eigenes Zimmer nehmen«, meinte Gustl.

Aber nein, das wollte Adi nun auch wieder nicht. Wer würde ihm dann zuhören? Wer würde ihm dann als Fachmann für die musikalische Seite seiner Ideen zu Verfügung stehen?

So begann noch einmal ein Geschiebe und Gerücke, bis sie das Mobiliar des Raumes – zwei Betten, ein Nachtkästchen, Kleiderschrank und Waschkasten, einen Tisch, zwei Stühle und eben den Flügel – so verteilt hatten, dass für Adi noch eine akzeptable Wanderschneise blieb. Der Flügel stand jetzt vor einem der Fenster.

Adi probierte seinen Bewegungsspielraum aus. Nach drei Schritten erreichte er die Einbuchtung des Flügels. Dort musste er sich umdrehen, um wieder drei Schritte zurück zur Tür gehen zu können. So also war eine Wanderung möglich, auch wenn die Schneise nicht breiter als zwei reichliche Handspannen war.

Ein Grund zum Ärgernis war nun ausgeräumt. Aber Adi ärgerte sich in diesen Tagen über alles. Zum Beispiel, dass man, wenn man hinausschaute, nur die nahe Wand des Vorderhauses sehen konnte.

»Aus dem Fenster deines Kabinetts hast du doch auch nichts anderes gesehen«, sagte Gustl verwundert.

Adi zog es vor, diese Antwort nicht gehört zu haben.

Als Gustl aber eines Morgens Stiche an seinem Hals entdeckte und erschrocken rief: »Du – gibt's hier etwa Wanzen?«, antwortete Adi patzig: »Ja glaubst du denn, hier in Wien kriegst du für diesen Preis ein unverwanztes Zimmer? Sogar im Schloss Schönbrunn soll's Wanzen geben!«

Gustl musste täglich stundenlang auf dem Flügel üben. Adi beschwerte sich bitter. »Muss man sich denn dieses ewige Geklimpere anhören!«, schimpfte er. »Nie ist man davor sicher!«

Gustl nahm die Finger von den Tasten und übte nach Möglichkeit, wenn er allein im Zimmer war.

Einmal berichtete er Adi freudestrahlend, ein Professor habe ihn gefragt, ob er bereit sei, einigen Studentinnen Nachhilfeunterricht in Harmonielehre zu geben – natürlich gegen entsprechende Bezahlung.

»Und was hast du geantwortet?«, fragte Adi mit angehaltenem Atem und bohrendem Blick.

»Mit Vergnügen«, sagte Gustl und wusste schon wieder nicht, als er Adis Erregung sah, was er falsch gemacht haben sollte. »Was stört dich daran? Ich will ein bisschen dazuverdienen, damit ich meinen Eltern nicht so sehr auf der Tasche liegen muss.«

»Kommen die Weiber etwa hierher?«

»Ich gehe in ihre Pension. Dort stehen Klaviere, dort üben sie, dort gebe ich ihnen Unterricht.«

Als Gustl ein paar Nachhilfestunden hinter sich hatte und lachend erzählte, dass er in diesem Pensionat, in dem sich nur die Töchter von Reichen befänden, außer der Bezahlung auch noch jedes Mal nach Beendigung des Unterrichts eine üppige Jause vorgesetzt bekomme, verlor Adi die Beherrschung.

»Klar«, schrie er, »dass du jetzt die Gedanken immer nur bei denen hast! Hab ich dich deswegen hier mit in mein Zimmer genommen? Bist du nicht mein Freund – oder?«

»Das eine hat doch mit dem anderen nichts zu tun!«, stotterte Gustl entgeistert.

Weiter kam er nicht. Adi unterbrach ihn: »Entweder die oder ich!«

Gustl gab sich große Mühe, ihm begreiflich zu machen, dass er für diese Mädchen nichts empfand, wohl aber etwas für die Bezahlung und für die guten Jausen.

An denen schien er sich wirklich gütlich zu tun. Denn oft war er, wenn er heimkam, so satt, dass er nicht mehr zu Abend essen konnte.

Sogar Gustls Sattheit ärgerte Adi. »Was wir hier haben, ist dir wohl nicht gut genug?«, sagte er giftig.

»Fast alles Essbare, was hier im Zimmer ist«, rechtfertigte sich Gustl, »stammt aus den Fresspaketen von daheim!«

Einmal bekam Adi einen Tobsuchtsanfall: Als er von einem Stadtbummel heimkehrte, saß ein Mädchen neben Gustl am Flügel, und er erklärte ihr etwas. Eifrig notierte sie.

Gustl stellte die beiden einander vor, das Mädchen errötete, Adi setzte sich stumm und finster auf sein Bett. Kaum hatte sie den Raum verlassen, fiel er über Gustl her.

»Soll unser Zimmer ein Treffplatz für musikalisches Weibsgezücht werden?«, fauchte er.

Gustl versuchte ihn zu beruhigen: Sie arbeite halt für eine Prüfung. Da liege es doch nahe, dass sie Hilfe suche. An ihm, Gustl, habe sie gar kein Interesse. Es gehe ihr nur darum, nicht durchzufallen.

Adi zu Gustl:

Du brauchst natürlich Lehrer, das sehe ich ein. Für mich sind sie überflüssig.

August Kubizek:
Adolf Hitler, mein Jugendfreund, S. 191

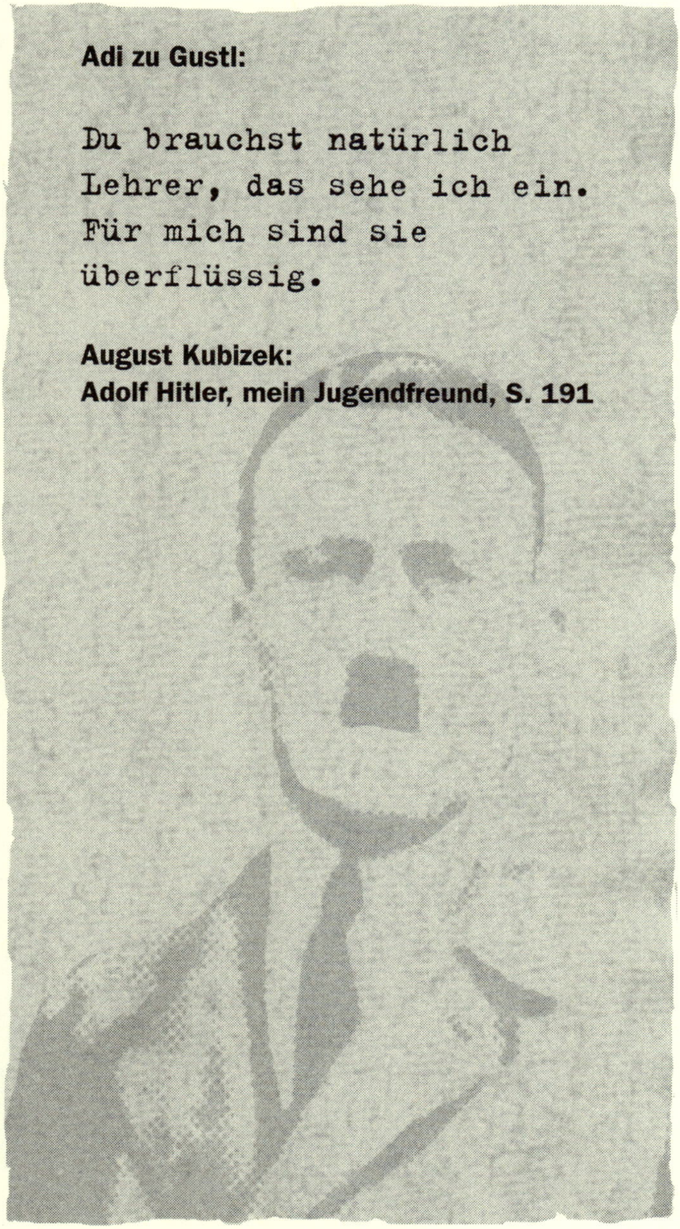

Wollte Gustl wirklich einer Schülerin helfen, nicht durchzufallen? Adi holte tief Atem. Er spürte, wie sich seine Brust mit Empörung füllte, wie ihm das Blut in den Kopf stieg.

»Nicht durchzufallen?«, schrie er. »Nicht durchzufallen? *Alle* weiblichen Studentinnen sollte man durchfallen lassen! Besser noch: Man dürfte sie gar nicht erst studieren lassen! Was haben Weiber in einer Akademie zu suchen?« Er verbesserte sich. »In einem Konservatorium? Ins Haus gehören sie! In die Küche! Zu den Kindern! Dort sind ihre Aufgaben!«

Erregt schritt er die drei Schritte hin, die drei Schritte zurück und dozierte mit großen Gesten. Er begann mit der Sinnlosigkeit des Frauenstudiums, ging dann zu den allgemeinen Missständen der gegenwärtigen Gesellschaft über und verbiss sich schließlich, immer lauter werdend, in die Kritik des Vielvölkerstaates Österreich. Hier sei das Deutschtum in Gefahr! Es werde überlagert und erstickt von den vielen Minderheiten, die zusammen eine Mehrheit ergäben! Der Kaiser sei zu alt, zu duldsam und zu bequem, um den Deutschen in seinem Staat mehr Rechte zu verschaffen! Und so weiter. Sein Lieblingsthema. Er war schon ganz heiser.

Die Tür öffnete sich einen Spalt, die Zakreys spähte herein.

»Aber meine Herren«, sagte sie beschwichtigend, »das halte ich nicht aus. Wo ich doch davon auch gar nichts verstehe. Sie«, sie zeigte auf Adi, »Sie ruinieren sich Ihre Stimmbänder! Hören Sie sich doch selber: Sie krächzen ja nur noch!« Und mit schief geneigtem Kopf zu Gustl: »Üben Sie doch lieber ein bisserl auf dem Flügel. Das hör ich so gern …«

Die Tür schloss sich wieder.

Gustl blieb auf dem Klavierhocker sitzen, den Rücken zum Flügel, die Hände zwischen den Knien, und traute sich nicht zu spielen, obwohl er solche Lust dazu hatte.

Adi kochte. Jetzt hatte er's wieder einmal deutlich vorgeführt bekommen: Niemand schätzte ihn und seine Ansichten, nicht einmal die Zakreys. Niemand erkannte, was in ihm steckte!

Eine elende Durststrecke, auf der er sich befand. Es blieb ihm nichts anderes übrig, als die Zähne zusammenzubeißen. Wie beschränkt war doch die Menschheit, vor allem hier in Wien! Hier watete man in Ignoranz.

Und dann immer Gustls dumme Fragen: »Dass du noch so viel Zeit hast neben deinem Studium …« und »Warum isst du eigentlich nie in der Studenten-Mensa?« und »Wie viele Wochenstunden hast du eigentlich belegt?« und, weil er meistens bis tief in den Vormittag schlief, »Liegen deine Stunden in der Akademie denn nur nachmittags – oder schwänzt du so viel?«

Es wurde für Adi immer enger. Als ihm Gustl anbot, ihm Klavierstunden zu geben, gratis natürlich, geriet er wieder in Wut.

»Behalte deinen Etüden- und Scalenkram«, schrie er, »ich bringe mich schon selber weiter!« Und nach einer Weile, als er Gustls Betroffenheit merkte, etwas ruhiger: »Wozu soll ich denn Musiker werden? Ich hab ja dich.«

Einmal arbeitete er die ganze Nacht an einem Schauspiel. Er war wie im Fieber. Es würde ein faszinierendes Stück werden, das ließ sich schon jetzt erkennen.

Es spielte im Alpenvorland zur Zeit der Christianisierung. Das Volk, das um den Heiligen Berg herum lebte, wollte sich nicht christianisieren lassen, sondern verschwor sich, die Missionare zu töten. Diese Handlung enthielt Zündstoff! Vor der kleinen, rußenden Petroleumlampe saß er und beschrieb, was er vor sich sah: die ernsten bärtigen Männer rund um den Opferstein, auf ihre Schilde gestützt, ihre Speere neben sich. Mitten unter ihnen der Priester, das mächtige Schlachtschwert schwingend, mit dem er den Opferstier tö –

Da zerstörte Gustl die ganze Erhabenheit der Szene, indem er sich schlaftrunken aus seiner Decke schälte, aus dem Bett stieg, sich über Adis Schulter beugte und nuschelte: »Hast du noch nicht geschlafen? Es ist schon halb sieben!«

»Als ob das jetzt wichtig wäre«, gab Adi ärgerlich zurück. »Ich schreibe an einem Theaterstück. Da kann man nicht danach fragen, ob's einem zeitlich gerade passt. Da muss man die Ideen empfangen und festhalten, wann sie kommen!«

»Merkwürdig«, sagte Gustl, während er wieder ins Bett stieg, »dass ihr neben dem Studium noch so viel Zeit habt, nächtelang Theaterstücke auszudenken und aufzuschreiben. Jetzt musst du natürlich wieder bis zum Mittag schlafen ...«

»Was habt ihr Klimperer und Fiedler denn von unsereinem für eine Ahnung!«, schrie Adi aufgebracht.

Die Zakreys klopfte an die Wand. Gustl seufzte. An einen weiteren Schlaf war nicht mehr zu denken, zumal Adi wieder einen Vortrag begann. In alle Richtungen sprühte er Vorwürfe, überall sah er Anlass zu Kritik, nichts ließ er gelten.

»Ach Adi«, seufzte Gustl und stieg in seine Hose, »du bist mit der ganzen Welt überworfen. Mach's dir doch nicht so schwer, das Leben. Es ist, als hättest du Spaß dran, dich selber zu quälen!«

Dann machte er, dass er davonkam. Adi wetterte in seiner Abwesenheit weiter.

Einmal, kurz vor Mittag, traf Adi, der das Bett erst vor einer knappen Stunde verlassen hatte, Gustl auf dem Ring.

»Grüß dich«, sagte Gustl. »Ich bin gerade auf dem Weg zur Mensa. Kommst du mit? Ich hab noch eine Marke für dich. Heute ist Freitag. Mehlspeistag.«

Adi lebte nach wie vor, wenn nicht wieder mal ein Fresspaket von Mutter Kubizek aus Linz angekommen war, fast nur von Brot und Milch. Und allenfalls einem Stückchen Butter dazu. Eine richtige dampfende Mehlspeise, süß natürlich – da *konnte* er nicht Nein sagen!

Es gab Mohnnudeln. Adi mampfte, und Gustl holte ihm noch eine Nachschlag. Adi saß mit dem Rücken zum Saal, den Blick auf die Wand gerichtet.

»Ich weiß nicht, wie du's hier aushalten kannst«, raunte er Gustl zu, Groll in der Stimme.

»Was soll hier denn nicht zum Aushalten sein?«, fragte Gustl verblüfft.

»Schau dich doch um«, zischte Adi. »Leute vom Balkan. Und Slowaken, Tschechen, Polen, Italiener. Wenn nicht sogar Zigeuner.« Er dämpfte die Stimme. »Und Juden – jede Menge Juden! Das alles macht sich in unserem Land immer mehr breit und drückt uns Deutsche an die Wand. Mieses Menschenmaterial, Gustl. Abschaum. Und neben so was sitzt du und bist dir als Deutscher nicht zu schade dafür!«

Jetzt regte sich auch in Gustl Unmut.

»Meine Mutter ist gebürtige Tschechin«, sagte er. »Was hast du gegen sie?«

Adi zog es vor zu schweigen und sich ganz den Mohnnudeln zu widmen.

Nur mit Musik war er noch aufzuheitern. Gustl hatte herausgefunden, dass an Sonntagen in der Burgkapelle Kirchenmusikprogramme angeboten wurden, die an Qualität nichts zu wünschen übrig ließen. Da konnte man gratis Solisten der Wiener Hofoper und die Wiener Sängerknaben hören. Dahin gingen die Freunde nun öfters.

Und natürlich mindestens einmal pro Woche in die Oper.

Das war eine Strapaze, jedes einzelne Mal! Die Abendkasse wurde eine Stunde vor Beginn der Vorstellung geöffnet. Zwei Stunden vor der Öffnung der Kasse durfte man in den Gang, an dessen Ende sie lag. Der Andrang war fürchterlich. Wenn man sich nicht schon kurz nach Mittag anstellte, um mit den Ersten in den Gang zu kommen, hatte man wenig Chancen, eine der begehrten Stehparterre-Karten zu ergattern.

Kaum hatte man die Karte, stürzte man ins Stehparterre unter der Kaiserloge. Dort hatte man eine sehr gute Akustik. Das Stehparterre war in der Mitte durch eine Trennstange geteilt. Die eine Hälfte war reserviert für Militärs, die andere für Zivilpersonen. Die jungen Offiziere brauchten nur zehn Heller zu bezahlen, während eine Karte für Studenten zwei Kronen kostete. Dieser Umstand gab Adi bei jedem Opernbesuch neuen Anlass, sich zu ärgern. Nur *eine* Bestimmung entsprach ganz seinem Willen: Frauen und Mädchen hatten keinen Zutritt zum Stehparterre.

Als die Freunde wieder einmal eine Wagner-Oper, von Gustav Mahler dirigiert, genossen hatten und nun – todmüde von der stundenlangen Steherei und dem musikalischen Erlebnis – in alter Freundschaft und Harmonie heimwanderten, stellte Gustl Adi eine Frage, die er wohl schon lange mit sich herumgetragen hatte: »Was hast du nur? Einfach zu nehmen warst du auch früher nicht. Aber so gereizt wie jetzt warst du in Linz nur selten. Was strapaziert deine Nerven so sehr? Das Stadtleben? Und dass du deine Mutter nicht mehr hast? Oder werden in deiner Akademie so hohe Anforderungen gestellt?«

Adi antwortete nur mit einer müden Handbewegung und schnitt ein anderes Thema an.

Als sie an einem kleinen Park vorüberkamen, blieb Gustl plötzlich stehen und zeigte auf eine Bank. Da lag eine dunkle Gestalt, eingehüllt in eine Decke oder ein Tuch, ein Mensch, zusammengekrümmt wie ein Embryo.

»Wieder einer«, flüsterte er. »Armer Kerl. Bei der Kälte!«

Adi schüttelte den Kopf: »Wann wirst du dich endlich dran gewöhnen! Das gehört eben auch zu Wien. In so einer Großstadt gibt's immer Gestrandete.«

Gustl zog ihn weiter. »Komm, mir wird kalt.«

Ein Brief kam an. Ein amtliches Schreiben für Adi: Die Waisenrente war bewilligt. Er konnte sie hier in Wien abholen. 25 Kronen pro Monat. Nicht viel – aber doch genug für ein gutes Gefühl.

Tagelang herrschte Regenwetter. Adi konnte nicht hinaus in die Anlagen, nicht in den Park von Schönbrunn, wo er sich gerne aufhielt, auch in den kalten Tagen. Er ertrug es nicht, immer nur in den Lesesälen der Büchereien herumzusitzen, wo man nicht laut mit sich selber sprechen, sich nicht Luft machen durfte. Wo ein Geräusper schon zu laut war. Stundenlang saß er im »Auge Gottes« herum, seinem Stammcafé, in das er auch Gustl schon manchmal mitgenommen hatte. Mehr als einen Kaffee pro Tag – mit Trinkgeld – wollte er sich nicht leisten. Also musste er, wenn der Kellner mehrmals nach neuen Wünschen gefragt hatte, wieder gehen.

Im Zimmer aber musste Gustl auf dem Flügel üben, gleichgültig, wie das Wetter war. Bei dieser Geräuschkulisse zu lesen, war unmöglich. Adi vertrieb sich die Zeit damit, eine Wanze, die er in der Nacht erlegt hatte, auf eine Nadel zu spießen. Groll machte sich in ihm breit, wenn er daran dachte, dass Gustl fast immun gegen diese Widerlinge war. Von zehn Wanzen strebte nur eine in Richtung Gustl, alle anderen peilten *ihn* an! Wo er doch so penibel sauber war! Eine verdammte Ungerechtigkeit war das!

Adi steckte sich die Finger in die Ohren. »Immer dieses Geklimper!«, sagte er erbost. »Das ist ja nicht auszuhalten!«

Gustl unterbrach sein Spiel, heftete seinen Stundenplan an den Schrank und sagte: »So, häng du deinen drunter. Dann kannst du sehen, wann ich weg bin und du hier in Ruhe lesen kannst.«

»Ich hab meine Stunden im Kopf«, sagte Adi finster. »Das genügt mir. Das muss auch dir genügen.«

Gustl warf ihm einen zweifelnden Blick zu. Adi merkte, dass er dem Geheimnis auf der Spur war.

»Wozu sind diese Akademien und Konservatorien und Universitäten überhaupt nötig!«, schimpfte er. »Man kommt viel weiter, wenn man individuell lernt!«

»Ich käme ohne das Konservatorium längst nicht so weit«, widersprach Gustl. »Und deine Akademie hat doch auch eine Menge zu bieten!«

»Diese Akademie!«, schrie Adi. Seine Stimme überschlug sich. »Diese Professoren! Lauter selbstherrliche Dummköpfe, verrostet, verkrampft, verzopft. An den Galgen mit ihnen!«

»Aber sie sind doch deine Lehrer!«, sagte Gustl. »Was haben sie dir getan, dass du sie so hasst?«

»Abgelehnt haben sie mich!«, brüllte Adi, außer sich.

Die Tür ging auf, die Zakreys erschien. »Aber meine Herren!«

»Raus!«, schäumte Adi.

Die Zakreys verschwand erschrocken. Adi warf sich auf sein Bett und starrte an die Zimmerdecke.

»Jetzt verstehe ich vieles«, sagt Gustl nach einer Weile. »Und was nun?«

»Was nun? Was nun?«, äffte ihn Adi nach. Er stand auf, setzte sich an den Tisch, baute seine Bücher um sich auf, stützte den Kopf in die Hände und begann zu lesen. Nach einer Weile schaute er zu Gustl hinüber, der noch immer reglos vor dem Flügel saß, und sagte ruhig: »Bilde dir nichts darauf ein, dass du's geschafft hast. In Zukunft werden ganz andere Kriterien bei Aufnahmeprüfungen entscheiden!«

Und nach einer Weile eisig: »Ich verbitte mir Mitleid. Verstanden?«

August Kubizek:

Wenn ich an die zahlreichen Probleme denke, die ihn in Wien beschäftigten und an denen ich teilhaben konnte, so steht am Ende der Betrachtung meistens irgendein Buch, von dem Adolf mir dann triumphierend sagte: „Siehst du, auch der Mann, der dies geschrieben hat, ist genau meiner Ansicht.“

Adolf Hitler, mein Jugendfreund, S. 191

Jetzt wusste Gustl also Bescheid. Die Atmosphäre hatte sich entkrampft, Adi brauchte nicht mehr so zu tun als ob. Er war sich sicher, dass Gustl diese Sache diskret und taktvoll behandeln und ihm jede Demütigung ersparen würde.

Bald merkte er, dass Gustl, der vorher jedes Lob seiner Professoren, jede gute Note sogleich kindlich-stolz Adi mitgeteilt hatte, nun seine Erfolge nicht mehr erwähnte. Adi nahm dies als Selbstverständlichkeit zur Kenntnis.

Es stimmte also wieder zwischen ihnen: Adi führte, Gustl passte sich an und machte das Beste daraus.

Natürlich war er dabei, wenn Adi in die Oper wollte, auch wenn das Anstellen um Karten eine stundenlange, ermüdende Prozedur bedeutete. Beide schwärmten nach wie vor für Wagner. Als Gustl einmal vorschlug, in eine Verdi-Oper zu gehen, winkte Adi ab. Verdi – ein Italiener! Was konnte aus dieser Richtung denn Anspruchsvolles kommen? Jeder Maurer schmetterte doch Verdi-Arien!

Ja, in den Wagner-Opern vergaß Adi, wie sehr ihn die Welt verkannte. Da tauchte er in eine andere, eine erhabene Welt ein. Und Gustl mit ihm.

»Wenn du dich während der Aufführung sehen könntest!«, sagte Adi einmal in der Pause zu Gustl, während sie durch das Foyer wandelten. »Die Augen aufgerissen, der Unterkiefer runtergeklappt, die Ohren auf Empfang gestellt …«

»Während der Aufführung siehst du genauso aus«, antwortete Gustl, ungewöhnlich kühn.

Ja, damit hatte er sich zu viel herausgenommen. Adi war tief gekränkt. Aber seinen Ärger ließ er an anderen aus. Er erregte sich wieder einmal über die Herren Offiziere jenseits der Trennstange: Denen ging es doch gar nicht um die Musik, sondern nur um das gesellschaftliche Ereignis!

Das Gespräch auf dem Heimweg drehte sich nur um Wagner. Ein Universum! Ihm war es zu verdanken, dass die deutschen Götter- und Heldensagen wieder gewürdigt wurden! Adi gestikulierte. Ein so deutscher Künstler! *Der* deutsche Künstler überhaupt!

Gustl konnte sich erinnern, in einer Vorlesung gehört zu haben, dass sich Wagner in seinem Aufsatz »Das Kunstwerk der Zukunft« mit der Idee eines Weihespieles beschäftigt hatte. Thema: Wieland der Schmied.

Adi war wie elektrisiert. Kaum in der Stumpergasse angekommen, schlug er in seinem Buch »Götter und Helden« nach und las die Wielandsage. Noch in derselben Nacht begann er zu schreiben, und er schrieb noch immer, als Gustl am nächsten Morgen aufstand. Gustl stellte keine Fragen. Er hatte zu warten, bis Adi bereit war, darüber zu sprechen.

Zu Mittag, als Gustl aus dem Konservatorium heimkam, war es dann so weit. Adi erwartete ihn am Klavier.

»Aus dem Wieland mache ich eine Oper!«, rief er ihm entgegen und weidete sich an Gustls Verblüffung.

»Wie stellst du dir das denn vor?«, fragte Gustl und warf seine Tasche auf sein Bett. »Du hast doch keine Ahnung von Musiktheorie!«

»Ganz einfach: Ich komponiere, und du schreibst es auf.«

Adi wich nicht vom Klavier, obwohl er merkte, dass Gustl üben wollte. »Du kannst ja ins ›Auge Gottes‹ gehen und dort deine Hausaufgaben machen«, sagte er. »Das hier ist jetzt wichtiger.«

Gustl angelte sich die Tasche und ging. Als er, nach Stunden, wiederkam, verkündete ihm Adi triumphierend: »Das Vorspiel ist fertig. Hör es dir an!«

Ohne Noten spielte er auf dem Flügel, was er sich ausgedacht hatte. Er tippte mit den Zeigefingern auf die Tasten und schaffte auch ab und zu mal einen Akkord. Dazu sprach er feierlich einen Text, der in den frühen Morgenstunden entstanden war. Die aneinander gereihten Themen klangen sehr nach Wagner. Mit kurzen Seitenblicken beobachtete Adi die Reaktionen Gustls, doch dessen Miene verriet nichts. Als er geendet hatte, sah er Gustl erwartungsvoll an.

»Die Grundthemen sind gut«, sagte Gustl vorsichtig. »Aber damit allein kannst du keine Oper schreiben. Wenn du willst, bringe ich dir an Harmonielehre bei, was du brauchst.«

»Ich bin doch nicht verrückt!«, schrie Adi. »Wozu hab ich denn *dich*! Vorerst wirst du das, was ich auf dem Flügel vorspiele, genau niederschreiben!«

Gustl schrieb. Es wurde spät und später, die Zakreys klopfte an die Wand, sie mussten für diesen Tag aufhören. Todmüde fielen sie ins Bett. Als Adi am nächsten Vormittag aufwachte, musste er ärgerlich feststellen, dass Gustl nicht da war. Jetzt, wo es doch um die Oper ging!

Kaum daheim angekommen, musste Gustl wieder ran. Das Notenpapier lag schon bereit. Adi bewegte die Tasten.

»Das geht so nicht«, sagte Gustl nach einer Weile. »Du musst Takt und Tonart einhalten.«

»Bin *ich* der Komponist oder *du*?«, schnauzte ihn Adi an.

Gustl arbeitete stumm weiter. Als er Adi seine Niederschrift vorspielte, war der unzufrieden. »Das ist nicht meine Komposition!«, empörte er sich.

Sie begannen noch einmal von vorn. Ein paar Stunden waren sie mit dem Vorspiel beschäftigt. Nie war Adi zufrieden. »Da hab ich eine so großartige Idee«, klagte er, »und du bis nicht fähig, sie festzuhalten!«

»Ich höre ja nur ein paar Töne«, verteidigte sich Gustl. »Du hörst in dir schon das Gesamtwerk. Das kann ich doch nicht erraten. So funktioniert das nicht.«

Adi war verzweifelt. Doch schon fand er – wie so häufig – einen Weg dieses lästige Problem zu umgehen: Er konzentrierte sich zunächst darauf, die Handlung in Akte einzuteilen und die Figuren festzulegen.

»Das ist ja eine blutrünstige Geschichte«, meinte Gustl. »Da werden Männer zu Krüppeln gemacht, Kinder geköpft, Frauen vergewaltigt. Und der Vater trinkt ahnungslos aus den Bechern, die aus den Schädeln seiner toten Söhne gemacht wurden.«

»So geht's eben in der Heldenwelt zu«, konterte Adi verstimmt. »Sonst noch was?«

»In deiner Oper wird zu viel geflogen«, wagte Gustl noch anzumerken. »Erst die Walküren –«

»Die werden nicht gestrichen!«, fuhr Adi auf. »Stell dir doch mal vor, wie wirksam das ist: Die drei Walküren in ihren Zauberhemden über dem dunkel verhangenen Wolfsee!«

»Aber die Technik, die Technik!«, gab Gustl zu bedenken. »Das sind doch beträchtliche Gewichte, die da bewegt werden müssen. Und dann der Wieland. Der darf ja nicht mal einfach an Seilen schweben. Der muss aktiv flügeln! Denn er hat sich ja die Flügel selber gebaut, um fliehen zu können. Wenn das nicht technisch brillant gelöst wird, wirkt's lächerlich.«

Adi wischte Gustls Einwand mit einer Handbewegung weg und arbeitete mit geradezu fanatischem Eifer weiter. Er vergaß zu schlafen, ja zu essen. Nur ab und zu griff er, wenn er neben dem Fenster am Tisch oder am Flügel saß, zur Milchflasche und trank gedankenabwesend ein paar Schlucke.

Jedes Mal, wenn Gustl vom Konservatorium heimkehrte, stürzte sich Adi auf ihn, ließ ihm kaum Zeit, etwas zu essen, und nötigte ihn dann sofort wieder in seine Dienste.

Gustl fügte sich. Es gelang Adi sogar, ihn für das Projekt zu begeistern. Gemeinsam erarbeiteten sie das Vorspiel, das sich nun, wie Gustl meinte, wirklich hören lassen konnte. Und dann machten sie sich an die Leitmotive der einzelnen Akte. Immer wieder entzündete sich ihre Fantasie, gerieten sie in Begeisterung.

»Wie hältst du das nur aus?«, klagte Gustl einmal, als er über dem Notenblatt eingenickt war und Adi ihn wachrüttelte.

»Die Idee, Gustl, die Idee!«, rief er mit glänzenden Augen.

Die Zakreys klopfte. Adi reagierte empört.

»Sie hat doch Recht«, sagte Gustl. »Es ist zwei Uhr morgens.«

»Was?«, rief Adi verblüfft. »So spät schon?«

Die Oper war fast zur Hälfte fertig, als Adi sie plötzlich fallen ließ, von heute auf morgen. Er war von einer neuen Idee besessen, die er für grandios hielt: ein Orchester, das die deutschen Provinzen bereiste, im ganzen deutschen Reich Konzerte gab! Mit erregten Gesten stellte er Gustl lautstark seine Idee vor.

»Ein mobiles Orchester?«, fragte Gustl erstaunt. »Davon hab ich noch nie was gehört.«

»Das ist ja auch erst nur eine Idee, Dummkopf. *Meine* Idee!«

Gustl ließ sich auch dafür begeistern. Nur eins verstand er nicht: Wollte Adi nicht eigentlich Maler werden? Oder Baumeister? Warum beschäftigte er sich dann mit musikalischen Plänen?

»Weil ich dich derzeit um mich habe«, erklärte Adi.

»Und wer wird das ›mobile Reichsorchester‹ finanzieren?«, wollte Gustl wissen.

Adi antwortete jetzt nicht mehr mit »das Reich«, wie er das manchmal in Linz getan hatte. Er wurde etwas konkreter: »Da müssen Finanzleute her.«

»Und wenn sich keine finden?«

Adi wurde ungehalten. Immer diese blöde Fragerei, die am Wesentlichen vorbeiging! Gustl hatte einfach kein Gespür für Prioritäten!

»Das lass gefälligst meine Sorge sein!«

Gemeinsam bauten sie aus Stiften, Radiergummis und Papierkügelchen auf dem Flügel – der Tisch war dafür zu klein – das Orchester auf, das über Land reisen und klassische, romantische und moderne Musik in erstklassiger Qualität auch den Provinzlern nahe bringen sollte. Bisher kamen ja nur die Städte, die sich eigene Orchester leisten konnten, in den Genuss solcher kultureller Höhepunkte. Gustl musste Adi genauestens über alles informieren, worauf es bei einem Orchester ankam, und Gustl genoss es, dass Adi auf seine Sachkenntnis angewiesen war.

Sie gerieten in Streit, als es um die Anzahl der Pedalharfen ging, mit denen das Orchester bestückt werden sollte. Gustl sah die Sache nüchtern. »Eine genügt. Mehr als eine kannst du nicht finanzieren. So ein Stück kostet achtzehntausend Gulden!«

Adi dagegen wollte drei. »Wie kannst du sonst den Feuerzauber spielen?«

»Dann kann man den ›Feuerzauber‹ eben nicht mit ins Programm nehmen«, meinte Gustl achselzuckend.

»Und ob er ins Programm kommt!«, trumpfte Adi auf.

»Und wie soll das Orchester in die Provinzen gelangen?«

»Mit der Bahn.«

»Die geht nicht bis in jeden Winkel der Provinz.«

»Dann eben mit den neuen Automobilen. Mit extra für diesen Zweck konstruierten!«

»Und wo soll das Orchester seine Konzerte geben?«

»In den Kirchen«, sagte Adi, ohne erst nachdenken zu müssen. »Kirchen gibt's überall. Erkundige dich bei den Kirchenbehörden, ob sie bereit sind, ihre Räume dem mobilen Reichsorchester zur Verfügung zu stellen.«

Gustl konnte nur staunen. Aber schon war Adi beim nächsten Problem, der Bekleidung der Musiker. Gustl war für eine dezente Uniformierung, Adi entschied sich für eine einheitlich dunkle, zivile, festliche Kleidung.

»Und wem wirst du die Leitung des Orchesters geben?«, fragte Gustl gespannt.

»Dir nicht«, sagte Adi, Gustls Enttäuschung auskostend. »Aber ich kann mir diese Entscheidung ja noch mal überlegen.«

Jetzt war Gustl gekränkt, was selten geschah.

»Ich will ja auch gar kein Orchester leiten«, sagte er verschnupft, »das es in Wirklichkeit gar nicht gibt ...«

Das war wiederum für Adi eine Beleidigung. Aber Gustl war sein Berater, ohne ihn kam er nicht weiter.

Er beugte sich über das »Orchester« auf dem Flügel wie über eine Generalstabskarte. Nun ging es nur noch um das Programm. Nur deutsche Komponisten sollten berücksichtigt werden. Gustl wollte mit Bach, Gluck und Händel beginnen.

»Und was war vorher?«, wollte Adi wissen.

»Nichts, was für ein solches Orchesterprogramm in Frage käme.«

Adi fuhr auf: »Wer sagt das?«

»So ist es«, sagte Gustl. »Kannst dich darauf verlassen.«

Adi verließ sich nicht darauf. Am nächsten Morgen besorgte er sich einen dicken Wälzer: »Die Entwicklung der Musik im Wandel der Zeiten«. Für Tage war er nicht mehr zu sprechen.

»Du wirst dich noch kaputtmachen mit deiner Gründlichkeit«, seufzte Gustl. »Das ist ja schon eine Sucht! Du gibst so lange keine Ruhe, bis du allem, was dich interessiert, auf den Grund gekommen bist. Sogar vor das Nichts setzt du noch ein großes Fragezeichen. Sei froh, dass du nicht in der Akademie gelandet bist. Dort würdest du sämtliche Professoren in den Wahnsinn treiben!«

Adi hob den Kopf aus dem Buch und antwortete finster: »Die Chinesen haben schon vor zweitausend Jahren gute Musik gemacht. Wenn die gelehrten Herren Professoren im Dunkeln tappen, was die Musik in der deutschen Frühzeit betrifft, ist doch damit keinesfalls sicher, dass es wirklich nichts gab!«

Gustl schüttelte den Kopf und gab's auf.

Nach ein paar Tagen hatte sich Adi in eine neue Idee verbissen. Deshalb vergaß er, Gustl nach Resultaten seiner Verhandlungen mit den kirchlichen Behörden zu fragen.

Gustl atmete auf.

Ein ehemaliger Mitschüler:

Mit Mädeln hatte er ganz bestimmt nichts zu tun!

Franz Jetzinger: Hitlers Jugend, S. 110

Über die Osterferien reiste Gustl für ein paar Tage nach Linz, um seine Eltern zu besuchen. Adi blieb grübelnd in dem Zimmer im Hinterhaus zurück, in das sich nie ein Sonnenstrahl verirrte. Er machte sich nicht einmal die Mühe, die Fenster zu öffnen, um die laue Aprilluft hereinzulassen.

Immer öfter kam ihm jetzt in den Sinn, dass er mit seinem Etat eines gar nicht so fernen Tages am Ende sein werde. Die Waisenrente allein reichte bei weitem nicht, um auch nur Kost und Zimmermiete zu decken. Und das bescheidene Erbteil der Mutter, lumpige 800 Kronen, würde sich kaum länger als ein knappes Jahr strecken lassen, auch nicht bei bescheidener Lebensführung. An das, was danach kam, wagte Adi nicht zu denken.

»Es wird Frühling«, sagte die alte Zakreys, als sie sein Zimmer auskehrte. »Wollen Sie nicht hinausgehen in die Anlagen? Die Veilchen blühen. Außerdem kann ich das Zimmer besser putzen, wenn Sie mir nicht im Weg sind.«

Adi verließ den Raum erst, als ihm Brot und Milch ausgingen. Missgestimmt trabte er hinaus, aber nur bis zum nächsten Kolonialwarenladen.

»Na«, sagte die dicke Verkäuferin, »geht's nicht weg über die Feiertage?«

Mürrisch schüttelte Adi den Kopf.

»Das sollten Sie aber tun«, sagte die Dicke. »Sie sind ja so blass wie ein Gespenst. Ja, ja, ich weiß, Sie studieren. Aber der Mensch besteht doch nicht nur aus Geist. Haben Sie denn keine Freundin, von der Sie mal ab und zu aus den Büchern herausgezogen werden?«

Adi lief rot an. Was ging *die* das an, ob er eine Freundin hatte oder nicht?

»Pardon, Pardon«, sagte die Dicke lachend. »Man nimmt halt Anteil, und es ist doch nicht normal, dass sich im Frühling, wenn alle Welt Knospen treibt und ins Kraut schießt und sich paart, ein junger Mensch in seine Bücher verkriecht!«

Adi machte, dass er davonkam. Wieder im Zimmer, warf er sich aufs Bett und dachte nach. Ihm kam die Sache mit der Kuhmagd in den Sinn, damals in Spital, auf Sommerbesuch bei Tante Therese auf dem Bauernhof. Da war er dreizehn gewesen. Allein im Stall mit der melkenden, üppigen Magd, war etwas geschehen, was ihn ganz verstört hatte: Sie hatte ihn eindeutig zu unzüchtigem Tun aufgefordert, indem sie ihn ihre nackte Brust sehen ließ und ihm einladend zublinzelte. Da war er fortgelaufen und hatte dabei noch das volle Milchgefäß umgestoßen.

Und er musste auch an den späten Abend denken, als er mit Gustl einmal nach dem Besuch der Oper durch die Spittelberggasse gegangen war. Das war doch wirklich ein Pfuhl der Laster! Wie diese Weiber ihn bedrängt hatten, wie sie ihn unbedingt mit hinunterziehen wollten in ihren Schmutz!

Nein, er wollte die reine Flamme des Lebens hüten, wollte sich nicht verzetteln in Liebeleien. Das Bild von Stefanie wollte er nicht besudeln, das Bild der deutschen Frau.

»Post für Sie!« Die Zakreys wedelte mit einer Karte.

Von Gustl. Der teilte seine Ankunftszeit mit und dass ihn sein Vater aus geschäftlichen Gründen nach Wien begleiten werde. Übrigens werde er seine Viola mitbringen – und vielleicht auch eine Brille, denn er habe eine Bindehautentzündung.

Adi antwortete ihm am Ostermontag. Er schrieb auf einen Briefbogen mit Trauerrand, denn er hatte kein anderes Briefpapier zur Hand.

Lieber Gustl! – Nachdem ich dir vorerst für deinen lieben Brief danke, drücke ich anbei auch gleich meine Freude darüber aus, daß dein Vater wirklich mit dir nach Wien kommt. Vorausgesetzt daß du und dein Herr Vater dagegen nichts einzuwenden habt, werde ich Donnerstag 11 h am Bahnhof warten. Du schreibst daß Ihr ein so herrliches Wetter habt, das tut mir fast leid, übrigens wenns bei uns nicht regnen täte wärs ja auch schön, nicht nur in Linz. Es hat mich auch sehr gefreut daß du richtig eine Viola auch mitbringst. Am dienstag kaufe ich mir um 2kr Baumwolle Watte und 20 kreuzer Kleister, für meine Ohren nähmlich. Daß du nun auch noch erblinden wirst hat mich mit tiefer Trauer erfüllt; da wirst du nun auch noch immer daneben greifen die Noten falsch lesen da wirst du blind und ich noch mit der Zeit dann törrisch. Oweh! Einstweilen aber wünsche ich dir und deinen werten Eltern wenigstens noch einen glücklichen Ostermontag und grüße Sie sowohl als auch Dich herzlichst und ergebenst als dein Freund

Seinen Namen umschnörkelte er nicht.

Dass dieser Tag, der 20. April, sein Geburtstag war, fiel ihm erst ein, als er vom Briefkasten zurückkam. Ein Tag war ja für ihn wie der andere, und es gab niemanden in ganz Wien, der von seinem Geburtstag wusste. Nicht einmal die Zakreys. Und sogar Gustl hatte offensichtlich nicht daran gedacht. Jedenfalls hatte in dessen Brief kein Glückwunsch gestanden. Kein Wunder – er hatte daheim sicher ein dichtes Programm rund um die Osterzeit.

Gustl kam allein. Die geschäftliche Angelegenheit seines Vaters hatte sich erledigt. Und auch die Bindehautentzündung war geheilt, er brauchte keine Brille zu tragen.

Die Zeit des Alleinseins war also vorbei. Gustl schlug Adi vor, in der Frühlingszeit den Prater zu besuchen. Sie kannten ihn beide noch nicht. Adi war skeptisch. Was gebe es dort schon zu sehen? Jedenfalls keine Kultur!

Gustl erlebte eine Pleite: Es reizte Adi nicht, die »Dame ohne Unterleib« zu sehen oder dem Zauberer auf die Finger zu schauen. Er wollte nicht auf Papierblumen schießen oder Lotterielose erwerben, auch wenn angeblich jedes dritte gewann. Gustl bemühte sich vergeblich ihn dazu zu bewegen, einmal mit ihm auf dem Riesenrad zu fahren.

»Du bist mein Gast«, sagte er. »Das ist doch was, die Stadt mal von so hoch oben zu sehen!«

»Kaum bist du oben, bist du schon wieder unten«, brummte Adi. »Keine Zeit zum Schauen. Und dann das Gekreisch. Nein, dafür ist das Geld zu schade, auch wenn's deines ist.«

Gustl gab's auf. »Du schaust dich um, als wärst du im Zoologischen Garten«, grinste er.

»So fühle ich mich hier tatsächlich«, knurrte Adi.

»Bist du dir sicher«, meinte Gustl lachend, »dass du zu den Glotzern gehörst und nicht zu den Beglotzten?«

Adi warf ihm einen empörten Blick zu.

»Was mich betrifft«, sagte Gustl, »bin ich mir nie so sicher, auf welcher Seite des Gitters ich mich befinde.«

»Schau dir das doch an!«, rief Adi und zeigte mit einer großen Armbewegung in die Weite. »Wo du hinschaust, nichts als seichter Genuss. Ein Babylon ist das! Diese Wiener gehen mir auf die Nerven. So eine Nachgiebigkeit, so eine dumpfe Gleichgültigkeit! Dieses ewige Fortwursteln, das bedenkenlose In-den-Tag-hinein-Leben! Und die Weinseligkeit, die Heurigen-Duselei! Mir ist die Zeit hier zu schade …«

»Sei doch mal locker«, seufzte Gustl. »Ist doch mal was anderes!«

Aber Adi wollte heim, und so gingen sie.

Gustl gab keine Ruhe. »Du musst an die frische Luft«, drängte er. »Du siehst aus wie ein Erdapfelkeim. Und hast du in letzter Zeit mal deine Beine angeschaut, ohne Hosen? Bloß noch armseliges Gerippe. Wenn du so weitermachst, kannst du es bald klappern hören.«

»Kein Wunder, wenn man in so einem Loch hausen muss«, murrte Adi unwirsch. »Diese verdammten Hausbesitzer machen sich ein schönes Leben auf Kosten von unsereinem. Die drückt kein schlechtes Gewissen, wenn sie Wuchermieten nehmen. Sie sitzen ja am längeren Hebel. Und die meisten unter ihnen sind natürlich Juden!«

»Gustav Mahler ist auch Jude, Adi«, sagte Gustl. »Den schätzt du doch sehr!«

»Ach halt doch die Klappe!«, brauste Adi auf.

Gustl schluckte und verstummte.

Wieder einmal schob die Zakreys einen Brief herein. Gustl griff danach, aber er war für Adi.

Für Adi? Woher sollte er Post bekommen?

Der Brief war von Tante Therese aus Spital, der jüngsten Schwester seiner Mutter, auf deren Bauernhof er zusammen mit Mutter und Paula manche Schulferien verbracht hatte. Sie und ihr Mann, Onkel Anton, luden Adi ein, im Sommer für ein paar Wochen zu ihnen nach Spital zu kommen.

»Deine Schwester und die Johanna haben wir auch eingeladen«, schrieb sie. »Da könnt ihr euch wieder sehen. Und wir werden uns alle Mühe geben, euch herauszufüttern. Vor allem du hast das nötig, so schmal und bleich, wie du angeblich immer noch bist!«

Er stutzte. Da lebte also die Hannitante noch in Linz,

betreute noch immer Paula und arbeitete noch immer im Haushalt der Raubals? Wie es sich ausnutzen ließ, das arme Ding!

Aber wenn sie dann eines Tages auf Tante Thereses Hof käme, würde sie dort doch auch wieder hart arbeiten müssen, damit sich ihre Anwesenheit auch auszahlte. Und sie würde ja auch gar nicht fähig sein, die Hände in den Schoß zu legen. Arme Hannitante.

Aus seinen Kindertagen konnte sich Adi noch lebhaft an den stattlichen Hof in Spital erinnern. Er sagte zu, wenn er sich auch nicht darauf freute, Paula wieder zu sehen. Was sollte er mit ihr reden? Sie verstand ja nichts. Nur für die Hannitante hegte er eine kleine Anhänglichkeit.

»Die Landluft wird dir gut tun«, sagte Gustl, der sich über diese Erholungsmöglichkeit für seinen Freund ehrlich freute. »Dort kriegst du Sonne und Waldluft und Tantenliebe. Vor allem aber Mehlspeisen – in Mengen!«

Adi schnaubte nur durch die Nase.

Überhaupt schien es, als ob sich für Adi einige glückliche Umstände anbahnten.

»Du«, sagte Gustl, als er am nächsten Tag aus dem Konservatorium heimkehrte, »es gibt da einen bei uns, der lässt sich zum Sänger ausbilden, nebenbei. Er ist Journalist beim ›Wiener Tagblatt‹. Feuilleton-Redaktion. Ich hab ihn gefragt, ob dort nicht Interesse an einem Text von dir bestünde. Der war ganz wild drauf.«

Adi warf ihm einen misstrauischen Blick zu. »Sozusagen eine Almosen-Aktion, was? Weil ich kürzlich mal eine Bemerkung über meine finanzielle Lage fallen gelassen habe. Nein danke, ich bin auf euch nicht angewiesen.«

»Echt ernstes Interesse!«, beeilte sich Gustl sofort zu

versichern. »Das ist doch eine Chance! Vielleicht kannst du in die Redaktion einen Fuß hineinkriegen. Vormittags ist der Bursche meistens in seinem Büro. Du sollst ihm den Text persönlich übergeben, damit er auch wirklich in seine Hände kommt.«

Adi schrieb bis in die Nacht. Am nächsten Morgen wollten sie zusammen zum »Tagblatt«-Gebäude gehen. Aber in der Nacht kämpfte Adi wieder einmal mit Wanzen, erlegte zwei oder drei und fiel danach in einen bleiernen Schlaf.

Gustl hatte Mühe, ihn wachzukriegen.

»Die ganze Welt soll mir gestohlen bleiben!«, knurrte Adi. Und während Gustl das Fenster öffnete, um frische Luft hereinzulassen, war Adi schon wieder eingeschlafen. Erst als ihm Gustl die Decke wegzog und sie auf sein eigenes Bett warf, bequemte er sich aufzustehen. Missgelaunt zog er seine Hose unter der Matratze hervor. Sie sah, trotz der frischen Bügelfalte, schon ziemlich schäbig aus.

»Wenn es dort klappt«, tröstete ihn Gustl, »kannst du dir bald einen neuen Anzug leisten.«

»Herrlicher Tag«, sagte Gustl, als sie zu Fuß durch die Straßen wanderten, um das Geld für die Straßenbahn zu sparen. »Ein gutes Zeichen.«

Auch Adi war nun hochgestimmt. Vielleicht würde der Text schon in den nächsten Tagen gedruckt werden? Dann würde er ihn an seinen Schwager Raubal und an seine ehemalige Schule und an Frau Hanisch in Urfahr und an den Vormund in Leonding verschicken!

Im Zeitungshaus angekommen, blieb Gustl im Treppenhaus zurück und wartete dort auf ihn.

»Zweiter Schreibtisch rechts!«, rief er Adi leise nach. »Der Dicke mit der Brille!«

Stolz schritt Adi mit seiner Kurzgeschichte, das Kinn

hochgereckt, in den Redaktionsraum und sah Gustls Kommilitonen auf dem bezeichneten Platz sitzen.

»Herr Redakteur?«, sagte er, sobald er ihn erreicht hatte.

Der Mann drehte sich um, stand auf, lächelte, streckte die Hand aus.

Adi warf nur einen kurzen Blick auf ihn, dann machte er kehrt und stürzte wieder hinaus. Im Treppenhaus schrie er Gustl, der mit erwartungsvollem Gesicht auf ihn zukam, wütend an: »Du Trottel! Hast du denn nicht gesehen, dass das ein Jude ist?«

Thomas Mann:

Muß man nicht, ob man will oder nicht, in dem Phänomen eine Erscheinungsform des Künstlertums wiedererkennen? Es ist, auf eine gewisse beschämende Weise, alles da: die Schwierigkeit, die Faulheit und klägliche Undefinierbarkeit der Frühe, das Nichtunterzubringensein, das Was-willst-Du-nun-eigentlich?, das halbblöde Dahinvegetieren in tiefster sozialer und seelischer Bohéme, das im Grunde hochmütige, im Grunde sich für zu gut haltende Abweisen jeder vernünftigen und ehrenwerten Tätigkeit – aufgrund wovon? Aufgrund einer dumpfen Ahnung, vorbehalten zu sein für etwas ganz Unbestimmtes, bei dessen Nennung, wenn es zu nennen wäre, die Menschen in Gelächter ausbrechen würden.

Gesammelte Werke, Bd. 12, S. 775 ff, zitiert in J. Sidney Jones: Hitlers Weg begann in Wien, S. 67/68

»Mach schnell«, sagte Adi eines Morgens. »Ich hab was vor mit dir.«

Gustl schluckte überrascht den Morgenkaffee herunter und fragte beunruhigt: »Mit mir? Was denn?«

»Das wirst du schon sehen.«

»Aber ich hab gleich Vorlesungen«, sagte Gustl. »Und ich muss noch Klavier üben fürs Konkurrenzspiel. Wenn ich dabei versage ...!«

»Also komm schon«, knurrte Adi. »Red nicht so viel. Das kostet nur Zeit.«

»Es ist erst halb neun«, rief Gustl. »Sonst schläfst du doch noch um diese Zeit! Können wir nicht heute Nachmittag machen, was du vorhast?«

»Komm jetzt endlich!«, schnauzte Adi Gustl zornig an und ließ ihm kaum Zeit, in die Schuhe zu schlüpfen. Und schon hatte er ihn draußen auf der Gasse.

»Wir müssen uns beeilen«, keuchte er und trabte auf die Ringstraße zu. Gustl keuchte ihm nach. Sie bogen in die Stadiongasse ein und erreichten Punkt neun den Seiteneingang eines mächtigen Gebäudes. Vor der Tür warteten ein paar Leute.

»Das ist doch das Parlamentsgebäude«, sagte Gustl beklommen. »Was soll ich im Parlament?«

»Da, nimm«, knurrte Adi und drückte Gustl eine Eintrittskarte in die Hand. Und schon ging die Tür auf, der Billettverkäufer wies die Besucher auf die Galerie.

Mit Genugtuung registrierte Adi, dass Gustl staunte. Das Parlamentsgebäude war wirklich imposant. Sicher träumte sich Gustl eben ein großes Orchester in den halbrunden Sitzungssaal hinein, der eine feierliche Atmosphäre vermittelt hätte, wäre er nicht von Unruhe erfüllt gewesen. Männer drängten lärmend hinaus, andere strebten lautstark herein, irgendetwas bimmelte.

»Der dort oben sitzt und die Glocke schwingt«, erklärte Adi, »ist der Vorsitzende. Aber keiner nimmt ihn ernst.«

Gustl wunderte sich schon wieder: Einen Parlamentsvorsitzenden hatte man doch zu respektieren!

»Die auf den erhöhten Plätzen«, erklärte Adi weiter, »das sind die Herren Minister. Und die vor ihnen an Pulten sitzen, sind die Stenografen. Die schreiben alles mit, was gesagt wird.« Er lachte. »Die einzigen Fleißigen in diesem Saal.« Er zeigte auf die Bänke im Halbrund. »Und da sollen die Parlamentarier der ganzen österreichischen Monarchie sitzen.«

»Aber die Plätze sind doch fast alle leer«, sagte Gustl und hob die Schultern.

»Ein Abgeordneter«, erklärte Adi und zeigte auf den Mann am Rednerpult, »hat gerade einen Antrag gestellt und begründet ihn jetzt mit einer Rede. Aber die interessiert niemanden, wie du siehst. Die Herren schlendern inzwischen draußen auf den Wandelgängen hin und her und tratschen. Erst wenn über den Antrag abgestimmt wird, kommen sie herein.«

Ja, Adi wusste Bescheid. Er war nicht zum ersten Mal hier.

Ein schütterer Applaus ertönte, der Mann verließ das Rednerpult, die Abgeordneten strömten in den Saal. Schon begann ein Geschrei, man beschimpfte sich gegenseitig in unterschiedlichen Sprachen, pfiff und lärmte, hob die Pultdeckel und knallte sie zu. Die Glocke des Vorsitzenden bimmelte. Niemand kümmerte sich darum. Tschechische, ungarische, kroatische, italienische, polnische und deutsche Schimpfwörter flogen hin und her.

»Ich glaube, ich geh jetzt«, sagte Gustl und erhob sich.

»Wir sind doch mitten in der Sitzung!«, fuhr ihn Adi an. »Da kann man nicht einfach gehen!«

»Was soll ich überhaupt hier?«

»Lernen, wie's hier zugeht«, antwortete Adi.

»Aber ich versteh ja gar nicht, was die meisten sagen!«

»Das brauchst du auch gar nicht«, erklärte Adi und zog Gustl wieder auf seinen Sitz. »Dem, der jetzt am Pult spricht – es ist ein Pole –, kommt es nur darauf an, die Zeit auszufüllen, damit währenddessen kein anderer sprechen kann. Das ist eine übliche Strategie. Er braucht eigentlich nichts anderes zu tun, als ununterbrochen ›Rhabarber‹ zu sagen. Das genügt schon.«

Gustl konnte nur den Kopf schütteln.

»So geht es in diesem Land zu«, sagte Adi finster. »Hier wird die Politik der Monarchie gemacht. Und da auf diese Weise praktisch nichts zustande kommt, weil man sich gegenseitig mit kleinlichem Gezänk behindert, treibt Österreich mehr oder weniger ohne Politik durch die Weltgeschichte. Ein unhaltbarer Zustand. Ein unwürdiger Zustand!«

Er wurde immer lauter. Andere Galeriegäste drehten sich nach ihm um, riefen »Pst!«.

Aber Adi war in Fahrt, und da sah und hörte er nur sich selbst. »Was kann man von so einem Vielvölkerstaat anderes erwarten? Wenn hier nur Deutsche im Parlament säßen, wäre ein ganz anderer Geist zu spüren – der Geist der Einigkeit, der Volksgemeinschaft!«

»Also ich muss jetzt wirklich gehen«, sagte Gustl vorsichtig.

»Bleib!«, fauchte Adi und zog Gustl zurück. »Was hier vorgeht, muss jeder Staatsbürger gesehen haben. Das ist seine Pflicht!«

Erst um elf ließ er ihn laufen.

Der Parlamentsbesuch beschäftigte Adi auch noch am Abend. Ungeduldig erwartete er Gustls Heimkehr. Kaum kam der zur Tür herein, herrschte er ihn auch schon an: »Wo bleibst du denn so lange?«

»Im Konservatorium natürlich«, antwortete Gustl sanft.

Er hatte noch nicht den ersten Bissen des Abendessens im Mund, als Adi auch schon fragte: »Du gehst doch bald ins Bett – oder?«

Das zu wissen, war für ihn wichtig, denn nur, wenn Gustl hinter dem Flügel saß oder im Bett lag, war Adis Schneise frei. Die brauchte er unbedingt, um beim Redenhalten und Diskutieren hin und her gehen zu können. Und kaum hatte sich Gustl, Konfrontationen scheuend, ins Bett verkrochen, begann Adi lebhaft diskutierend, hin und her zu schreiten und erregt seine Meinung kundzutun.

»Das kann man doch als Blinder sehen«, tönte er, »dass so ein Vielvölkerstaat wie der unsrige dem Untergang geweiht ist! Wir brauchen ein Reich aller Deutschen! Nur ein Zusammenschluss aller Deutschen bürgt für eine leuchtende Zukunft!«

Gustl fielen die Augen zu. Schon im Halbschlaf, zog er sich die Decke über die Ohren. Empört beugte sich Adi über ihn und rüttelte ihn wach.

»Interessiert dich das etwa nicht?«, schimpfte er. »Dann schlaf nur ruhig weiter – wie alle schlafen, die kein nationales Gewissen haben!«

Was blieb Gustl nun übrig, als sich wach zu halten, bis Adi selber todmüde auf sein Bett sank?

Dieses Jahr, das Jahr 1908, war ein Jubeljahr: Kaiser Franz Joseph beging das Jubiläum der sechzigjährigen Regierung. Ein Fest jagte das andere, ein ausländischer Gratulationsbesuch löste den anderen ab, und am 12. Juni sollte ein Jubiläumsfestzug stattfinden, der eine kaum zu bewältigende Organisationsaufgabe darstellte: 52 000 auswärtige Teilnehmer mussten in Wien untergebracht werden, dazu unzählige Wagen und Pferde. Die Hotels waren schon Wochen vorher ausgebucht, Kaufläden, Biergärten und Restaurants rüsteten sich für das große Ereignis. Aufgeregt berichtete die Zakreys, dass für Privatunterkünfte jetzt schon 20 Kronen pro Nacht geboten würden.

Adi und Gustl ließen sich dieses Schauspiel nicht entgehen. Es war ein strahlender Frühsommertag, sie machten sich fein und zogen los. Die Zakreys verließ mit ihnen zusammen das Haus, aber sie verloren sie im Gewühl.

Sie bekamen sogar – völlig gratis – einen prächtigen Sitzplatz auf einer der Ringstraßentribünen. Denn wenige Tage vor dem Festzugtermin hatten alle in- und ausländischen Zeitungen plötzlich die Nachricht verbreitet, dass Arbeitergruppen angeblich planten, die Tribünen umzustürzen. Deshalb war man viele Platzkarten nicht losgeworden. Manche Tribünen waren noch fast leer. Und so wurden kurz vor dem Beginn des Festzugs einigermaßen gut gekleidete Passanten von Tribünenordnern gebeten, doch auf den Tribünen Platz zu nehmen, damit deren Leere nicht so auffiele.

Der Zug war 13 Kilometer lang. 12 000 Personen zogen am Kaiser und den Ehrentribünen vorüber, 4 000 von ihnen in historischen Kostümen, 8 000 in bunten Volkstrachten je nach ihrer Herkunft.

»Sieh dir das an«, knurrte Adi. »Wohin du schaust, kaum Deutsche. Und als Oberhaupt für das alles gibt's nur einen schon etwas tatterigen, trübseligen Greis, der am liebsten auf den ganzen Rummel verzichtet hätte.«

»Pst!«, flüsterte Gustl erschrocken. »Wenn das jemand hört, Adi!«

»Gehen wir«, sagte Adi grimmig. »Wir versäumen nichts. Man hört ja kaum ein deutsches Wort. Kein Wunder: Von den 52 Millionen in unserer Monarchie sind gerade mal 10 Millionen Deutsche!«

»Warte noch einen Augenblick«, bat Gustl. »Dort kommt eine Linzer Gruppe.«

»Bleib sitzen, wenn du willst«, sagte Adi barsch. »Ich gehe jedenfalls. Pass auf, dass dir das Zigeunerpack nicht in die Taschen greift. Es sollen ja Zehntausende aus Rumänien und Ungarn hergeschwärmt sein, um hier ihr Glück zu machen. Lauter Taschendiebe, angeblich extra dafür ausgebildet.«

Gustl wollte nicht allein zurückbleiben. Nicht wegen der Zigeuner. Die fürchtete er nicht. Er hatte ja nicht viel in seinen Taschen. Aber Gustl gut war nicht gern nur von Fremden umgeben. Und er wollte auch nicht riskieren, dass ihm Adi diese Eigenwilligkeit nachtrug.

Während des mühsamen Heimwegs quer durch die dicht gedrängten Menschenmengen hielt Adi wieder eine Rede, die er mit wütenden Gesten begleitete. Ihn beschäftigte das Thema »Zigeuner«.

»Es wäre doch gelacht«, rief er, »wenn man diese Plage nicht in den Griff bekäme! Man muss so ein arbeitsscheues Gesindel zwangsansiedeln! Man muss die, die das Stehlen nicht lassen wollen, in Zwangsarbeitsanstalten stecken. Diese Bande ist ja so raffiniert! Jedes Mal, wenn ein Kerl geschnappt wird, gibt er einen anderen Namen an. Die Weiber machen es genauso. Man müsste sie irgendwie einzeln kenntlich machen, sodass man sie jederzeit identifizieren kann.«

»Du tust ja«, sagte Gustl und sah Adi vorwurfsvoll an, »als könnte man Menschen Nummern einbrennen, so wie Rindviechern!«

Als sie endlich, nach einer langen Kaffeepause im leeren »Auge Gottes«, in der Stumpergasse ankamen, rief ihnen die Zakreys freudestrahlend entgegen: »War das nicht wunderbar? Davon wird man noch in hundert Jahren erzählen! Am besten hat mir der Tiroler Landsturm mit Andreas Hofer gefallen. Wie im richtigen Leben. Alles so echt, so echt! Und wissen Sie, wer die Marketenderinnen waren? Das erraten Sie nie: Verkäuferinnen vom Naschmarkt!«

So heiter hatten sie die gute alte Zakreys noch selten gesehen. Aber dann wurde sie ernst und sagte: »Der arme Kaiser. Drei Stunden hat er aufrecht gestanden. Bei der Hitze. Mit Helmbusch und Schärpe und Orden und dem ganzen Zeug. Und mit dem engen Kragen! Es hätte mich nicht gewundert, wenn er plötzlich umgefallen wär wie ein Baum. Aber er hat durchgehalten. Ein starker Mann, der alle die Ehrungen, die er bekommt, verdient. Wir könnten keinen besseren Kaiser haben. Wer weiß, was danach folgt …«

August Kubizek:

Was wollte Gott mit
diesem Menschen?

Adolf Hitler, mein Jugendfreund, S. 37

Ende Juni sagte Gustl: »Bevor wir in die Ferien fahren, machen wir noch einen richtigen Ausflug. Auf den Semmering! Am nächsten Sonntag. Hast du Lust?«

Adi ließ sich begeistern und schaffte es sogar, früh aufzustehen. Der Zug ging schon zeitig ab. Sie erreichten ihn gerade noch. Apathisch hing Adi auf dem Sitz, ungewohnt, den Vormittag in wachem Zustand zu verbringen.

Aber bald interessierte ihn die Landschaft, die, je mehr sich der Zug vom Stadtdunst entfernte, immer klarere Konturen gewann. Erst wellte sie sich hügelig, dann wurde sie bergig, und der Zug kroch in vielen Kurven über Brücken und durch Tunnel ins Gebirge hinein.

Schon war Adi wieder fasziniert, diesmal von der kühnen Streckenführung. Das Abteil war leer, er rannte zwischen den beiden gegenüberliegenden Fenstern hin und her und stieß begeisterte Rufe aus.

»Schau dir das an, Gustl!«, rief er immer wieder. »Aussteigen müsste man! Das Ganze von draußen sehen, in vollem Panorama! Näher untersuchen, Messungen machen! Unglaublich, was ein Menschengehirn leisten kann. Es gibt noch zu wenige Bahnstrecken quer durch die Alpen. Warum nur? Es *geht* doch!«

»Es wird an den Kosten liegen«, seufzte Gustl.

Adi winkte energisch ab. »Nicht an den Kosten, sondern am fehlenden guten Willen! Und am Mangel an Mut! Außerdem an diesen beschränkten Beamtenköpfen. Bis auf den Großglockner hinauf ließe sich eine Bahnstrecke bauen, wenn es sein müsste! Es kommt nur auf den Willen an, Gustl, auf den eisernen Willen!«

»Wenigstens bist du in Stimmung«, sagte Gustl, als sie oben auf dem Semmering ausstiegen. Sie sahen sich einer Tafel gegenüber: 980 Meter waren sie hier hoch.

Gustl hatte Adi zu diesem Ausflug eingeladen. Auch zu

dem gemeinsamen Essen in Gloggnitz. Am Abend wollten sie dann wieder zurück sein.

Die kühle, frische Luft tief einatmend, schauten sie sich um. Wiesen, Wälder, blauer Himmel, ringsum Berge, im Hintergrund Alpenketten mit Schnee auf den Gipfeln. Ein Wetter zum Wandern. Erst am Abend ging ein Zug nach Wien zurück. Sie hatten den ganzen Tag Zeit.

Adi ergriff sofort die Initiative. Bei dem Personal der Station erkundigte er sich, welcher dieser Berge ringsum der höchste sei. Man zeigte auf einen.

Adi hob sein Kinn unternehmungslustig und nickte entschlossen: »Den besteigen wir!«

Und schon stapfte er los. Gustl rannte ihm bestürzt nach.

»Aber wir wollten doch nach Gloggnitz hinunterwandern!«, rief er.

Adi fand es nicht nötig zu antworten.

»Wir haben keinen Proviant dabei«, gab Gustl zu bedenken. »Nicht mal einen Rucksack!«

»Umso besser«, antwortete Adi. »Da erlebst du mal, wie es ist, wenn man improvisieren muss. Da wirst du gefordert! Eine heilsame Erfahrung.«

Gustl gab noch immer nicht auf. »Wirf doch mal einen Blick auf diesen Koloss!«, keuchte er. »Bis heute Abend sind wir nie und nimmer zurück, wenn du wirklich bis dort hinaufwillst!«

»Kannst ja unten bleiben, wenn's dir zu riskant ist«, grunzte Adi, ohne anzuhalten.

Gustl blieb stehen, schaute hinauf, schaute zurück zur Station. Sollte er Adi allein gehen lassen? Und wenn ihm etwas zustieß? Außerdem würde ihm Adi in Zukunft bei jeder passenden Gelegenheit diese Feigheit genüsslich unter die Nase reiben. »Muttersöhnchen«, »Würstchen«,

»Jämmerling« und dergleichen würde er sich von ihm nennen lassen müssen. Keine angenehme Aussicht.

Nein, es blieb ihm nichts anderes übrig, als Adi zu folgen. Er trabte hinter ihm her, bis er ihn eingeholt hatte. Sie trugen nur die gewöhnlichen Straßenschuhe und die Anzüge, die sie auch in der Stadt anhatten. Sie froren umso mehr, je näher sie dem Gipfel kamen, und ein paar Mal rollten ihnen die Hüte bergab. Aber in ein paar Stunden hatten sie das Plateau auf der Bergspitze erreicht.

Noch nie hatten sie einen Gipfel dieser Höhe bestiegen. Adi schaute sich mit Siegermiene um, spähte in die Ferne. Er fühlte sich frei und leicht und erhaben über das Menschengekrabbel in den Tiefen.

»Hier oben ist man Herr«, sagte er und nahm den Hut ab. Sein dunkles Haar wehte im Wind, die Stirnlocke stellte sich auf wie ein Hahnenkamm.

Gustl musste lachen: »Du siehst aus wie ein Gockel.«

Adi würdigte ihn keiner Antwort. Breitbeinig stand er da, mit weit ausgestreckten Armen.

»Jetzt fehlt nur noch ein Wagner-Motiv«, bemerkte Gustl trocken.

Unwillig senkte Adi seine Arme und herrschte ihn an: »Sei doch still! Dir ist aber auch *nichts* heilig!«

Das saß. Gustl schwieg betroffen. Ehrerbietig stand er, schaute sich auch um und wartete, bis Adi genug hehre Gefühle entwickelt haben würde.

»Ich muss dir Recht geben«, sagte er beflissen. »Hier fühlt man sich herausgehoben aus dem Alltag. Eine feierliche Atmosphäre.«

Sie machten sich gegenseitig auf diese und jene Bergformation aufmerksam, auf ein Glitzern im Tal, auf einen kreisenden Raubvogel tief unter ihnen. Immer wieder schauten sie in die Runde, äußerten ihre Begeisterung.

Plötzlich bezog sich der Himmel. Es ging so schnell, dass ihnen der Vorgang erst bewusst wurde, als sich bereits Düsternis ausbreitete. Gewitterwolken ballten sich, Sturm kam auf, in der Ferne rollte Donner, der Gipfel nebelte sich ein.

»Da haben wir's«, sagte Gustl bestürzt.

Die dünnen Hosen flatterten, es wurde empfindlich kalt. In großen Schritten stürmten die Freunde bergab. Sie konnten so gut wie nichts mehr sehen, der Nebel war dicht. Sie hielten sich an den Händen und mussten sich ganz darauf konzentrieren, den Weg nicht zu verlieren.

Und schon war das Gewitter über ihnen, gerade, als sie ein Latschengehölz durchquerten. Es blitzte und krachte, Regen rauschte, die einfachen Straßenschuhe rutschten im Lehm. Bald waren die beiden bis auf die Haut durchnässt. In den Schuhen quatschte das Wasser.

Aus dem Nebel tauchte eine kleine Heuhütte auf. Zum Glück war sie unverschlossen. Sie schlüpften hinein.

»Ich glaube, hier übernachten wir«, sagte Gustl.

Adi nickte, zog Schuhe, Jacke und Hose aus und begann seine Kleider auszuwringen, während Gustl das Heu untersuchte, das aufgeschichtet in der Hütte lag. Genug für beide, um es sich darin bequem zu machen.

Gustl kroch auf den Dachboden und wurde fündig: Mit mehreren großen quadratischen Tüchern aus grobem Leinen kam er wieder heruntergeklettert. Adi kannte solche Tücher aus seiner Kindheit, aus den Ferien in Spital. In ihnen wurde Heu auf dem Rücken zu Tal geschleppt.

»Du wirst dich erkälten«, rief Gustl Adi zu. »Du kriegst doch schon einen Schnupfen, Adi, wenn die Zakreys nur einen Brief durch den Türspalt reicht!«

Adi stand in nassen Unterhosen schlotternd im Türrahmen, wrang sein Hemd aus und winkte ab.

»Hunger«, seufzte er. »Jetzt würde ich sogar Fleisch essen!«

Aber etwas Essbares konnte Gustl beim besten Willen nicht auftreiben. Das schien ihn sehr zu belasten. Adi beobachtete ihn aus den Augenwinkeln. Komisch, dieser Gustl. Jetzt hätte er doch eine gute Gelegenheit gehabt zu triumphieren. Denn er hatte ja vor dem Aufstieg gewarnt. Stattdessen sorgte er sich um Adis Wohlbefinden.

Nein, solche Gelegenheiten des Triumphes nutzte Gustl nie. Er war halt einer, der auf Harmonie aus war. Guter Gustl. Jetzt war er eifrig damit beschäftigt, eines der Tücher auf dem Heu auszubreiten.

»Zieh alles aus, was du noch anhast«, sagte er zu Adi. »Dann legst du dich auf das Tuch und wickelst dich darin ein. So wirst du warm und trocken.«

Adi tat es. Gustl deckte ihn mit einem zweiten Tuch zu und warf noch ein paar Armvoll Heu auf ihn. Erst nachdem er alle Kleider und Wäschestücke ausgewrungen und über einen Draht gehängt hatte, der von Wand zu Wand gespannt war, rollte auch er sich in eines dieser Heutücher und schob Heu über sich. Heu überall: in den Haaren, in den Ohren, zwischen den Zehen!

»Hier riecht's so schön nach Heu«, sagte er und nieste.

Adi schnupperte. Ja, jetzt roch er es auch.

Irgendwo in der Ferne kläffte ein Hund. Also wohnten doch Menschen im Umkreis der Hütte.

»Gut, das zu wissen«, seufzte Gustl und spuckte ein paar Heuhalme aus. Es war jetzt ganz finster draußen, und der Regen trommelte auf das Dach.

»Ich brauche keinen Menschen in der Nähe«, sagte Adi.

Ihm wurde warm. Nur der Hunger nagte. Hunger, Schlaf, Wärme – diese verdammten animalischen Notwendigkeiten! Wie viel einfacher wäre das Leben, wenn sie sich dem Menschen nicht dauernd ins Bewusstsein drängten! Wie viel weiter brächte es die Menschheit ohne sie! Nach den Sternen könnte sie greifen!

Und in Wien ohne Geld zu leben, wäre spielend zu schaffen. Höchstens die Kleidung würde ein Problem sein. Und das Haareschneiden und Rasieren. Und ohne die zwei nötigen Kronen für einen Platz im Stehparkett blieb auch die Oper verschlossen.

Als Gustl ihm mit einer Handvoll Heu übers Gesicht wischte, fiel schon Tageslicht durch die Ritzen.

»Auf!«, rief er. »Es ist schon spät!«

»Wie spät?«, knurrte Adi.

»Keine Ahnung. Wir haben ja keine Uhr mit. Aber du siehst doch: Es ist schon hell.«

Adi schloss wieder die Augen. Aber Gustl ließ ihm keine Ruhe. »Wer weiß, wo wir sind!«, rief er nervös. »Wir müssen doch erst noch hinunter! Und wir wissen nicht, wann heute eine Bahn nach Wien abgeht. Ich versäume eine Menge im Konservatorium. Und ich hab heute Nachmittag Stunden zu geben!«

»Die Weiber werden es überleben, wenn du nicht kommst«, grummelte Adi im Heu.

»Aber was macht das für einen Eindruck!«, rief Gustl erregt. »Einfach wegbleiben, ohne sich zu entschuldigen!«

»Jetzt wirst du hysterisch«, sagte Adi, drehte sich zur Seite und wandte Gustl den Rücken zu. »Gib Ruhe.«

Gustl rumorte in der Hütte herum. Durch einen Lidspalt sah Adi, wie er die Wäsche von der Leine nahm und sie zu glätten versuchte.

»Noch feucht«, seufzte er, »aber wenigstens nicht mehr patschnass.« Er schaute zu Adi herüber und wurde langsam ärgerlich. »Adi! Jetzt steh doch endlich auf!«

Er zerrte am Tuch. »Man müsste dich wirklich hier

allein liegen lassen!«, schimpfte er. »Aber wer bringt das denn fertig?«

Adi klammerte sich an seine Tücher, Gustl zerrte und stemmte sich gleichzeitig mit dem nackten Fuß gegen Adis Hüfte. »Ich mache das nicht gern«, keuchte er, »aber mir bleibt keine andere Wahl!«

Schließlich hatte er den Adi aus dem Heu. Gustl keuchte. Adi schlang das Tuch um sich wie ein römischer Imperator und schritt so vor die Hütte, um das Wetter zu begutachten.

»Du solltest dich so sehen!«, rief Gustl, der im Heu, das Adi aufgewirbelt hatte, nach seiner Unterhose grub. »Ein indischer Asket!«

Irgendwie und irgendwann kamen sie wieder von dem Berg herunter. Heißhungrig. Die nächstbeste Gelegenheit nahmen sie wahr, um sich vollzufressen. Gustl bezahlte.

Adis Anzug hatte durch diesen Ausflug sein letztes bisschen Eleganz verloren. Auch das Pressen unter der Matratze half nicht mehr.

Spruch in Kindergärten der Nazi-Zeit:

Händchen falten,
Köpfchen senken,
und an Adolf Hitler denken!

Das Sommersemester 1908 ging zu Ende, und Gustls Glück war vollkommen. Hatte er doch in der kurzen Zeit, die er erst am Konservatorium verbracht hatte, bereits respektable Erfolge vorzuweisen. An einem der letzten Abende, bevor Studenten und Professoren einander für ein paar Wochen aus den Augen verloren, wurden in einem öffentlichen Konzert von einem Kammersänger drei von Gustl vertonte Orchesterlieder vorgetragen. Im Programm standen außerdem zwei Sätze aus seinem Sextett für Streicher. Und vorher hatte er schon in einem Konzert dirigiert – ein Privileg, das eigentlich, wenn überhaupt, erst den Studierenden fortgeschrittener Semester zuteil wurde.

Auch Adi saß unter den Zuhörern. Er musste miterleben, wie Gustl einen begeisterten Applaus bekam und von seinen Professoren beglückwünscht wurde.

Adi kostete es Mühe, Gustls Triumphe zu verdauen. Fast noch schwerer fiel es ihm, Gustls Vorfreude auf die Ferien in Linz bei seinen Eltern zu ertragen. Er hatte niemanden mehr in Linz oder Urfahr, zu dem er hätte heimreisen können oder wollen.

»Aber in Spital wirst du's doch auch schön haben«, tröstete ihn Gustl.

»Du triefst ja vor Mitleid«, sagte Adi finster. »Danke bestens, Mitleid nicht erwünscht. Und was Spital angeht: Dort hab ich frische Landluft und gutes Essen. Aber geistige Anregungen? Null. Es wird eine öde Zeit werden. Immer nur die Tanten um mich, die keine anderen Gesprächsthemen kennen, als über die letzten Neuigkeiten im Dorf zu gackern.«

Frau Zakreys schob sich hüstelnd ins Zimmer und fragte, wie sich die Herren die Zeit nach den Sommerferien vorstellten.

»Jedenfalls bleiben wir zusammen«, sagte Gustl. »Nicht wahr, Adi? Und wir bleiben hier bei Ihnen wohnen.«

Er bezahlte seinen Anteil für den angebrochenen Monat. Die Zakreys strich das Geld zufrieden ein. Aber sie hatte noch ein Problem auf dem Herzen: Sie wolle in den nächsten Tagen für zwei Wochen aufs Land fahren, zu ihrem Bruder in Mähren. Aber sie traue sich nicht, die Wohnung allein zu lassen.

Adi winkte ab: »Keine Sorge. Ich bleibe hier, bis Sie wiederkommen. Dann kann ich immer noch für ein paar Tage zu meinen Verwandten ins Waldviertel fahren.«

»Ach, was habe ich doch mit Ihnen beiden für ein Glück!«, rief die alte Zakreys froh. »Zwei solche Herren, die pünktlich ihre Miete zahlen und keine Damen mit aufs Zimmer bringen, gibt's in ganz Wien nicht mehr!«

Als sie gegangen war, sagte Gustl: »Vielleicht kann ich in den nächsten Semestern als Bratschist bei einem Symphonieorchester unterkommen. Das brächte Geld ein. Dann könnte ich dir finanziell ein bisschen unter die Arme greifen. Vor allem brauchst du einen neuen Anzug.«

Adi tat, als habe er nichts gehört.

Anfang Juli war es dann so weit: Gustl fuhr heim. Adi begleitete ihn noch bis auf den Bahnhof.

»Ich hätte es mir nie träumen lassen«, sagte Gustl, »dass ich's mal so weit schaffen werde. Das hab ich dir zu verdanken, Adi.«

Der winkte mit verschlossenem Gesicht ab.

»Ich weiß«, sagte Gustl und räusperte sich, »ich bedeute dir weniger als du mir.«

»Meinst du, es macht mir Spaß, allein in unserer Bude zu hocken«, sagte Adi, »und Wanzen zu erschlagen? Wenn die einem wenigstens zuhören würden. Aber so, gegen die leeren Wände reden ...«

Gustl versuchte, die Lage durch einen Scherz zu entkrampfen: »Geh halt auf deine Bank in Schönbrunn. Vielleicht verirrt sich ja ein gescheites Mädel dorthin ...«

Wieder die barsche Handbewegung. »Ein Mädel! Was soll ich mit der? Die kapiert ja doch nichts.«

»Über Musik«, seufzte Gustl, »kann ich in Linz auch keine Gespräche führen. Meine Eltern verstehen nichts davon. Ich werde mich die ganze Zeit darauf freuen, dich im Herbst wieder zu sehen.«

»Schreib«, knurrte Adi.

»Schreib du auch.«

Adi griff Gustls Hände, drückte sie kurz, ließ sie los und ging mit harten, hastigen Schritten dem Ausgang zu, ohne sich noch einmal umzuschauen.

Die Zakreys fuhr fort. Adi lebte allein in der Hinterhausetage. Er hatte keinerlei Verpflichtungen nachzukommen, außer verstaubte Topfpflanzen zu gießen.

Aber ihm wurde die Zeit nicht lang, er widmete sich der Umgestaltung Wiens. Er zeichnete wie im Fieber und sprach dabei mit sich selbst. Neu-Wien: Mietskasernen weg! Helle, komfortable Billigwohnungen her, verwaltet von Wohngenossenschaften. Grund und Boden: Ausnahmslos Staatseigentum. Die Finanzierung: Der »Sturm der Revolution« würde alles möglich machen!

Als diese Idee den Reiz des Neuen verloren hatte, schlenderte Adi durch die fast leere Stadt. Wien war während der Ferienmonate wie ausgestorben. Viele Geschäfte waren geschlossen. Wer immer es sich leisten konnte, fuhr in die Sommerfrische – entweder an die Mittelmeerküste oder in die Berge. Nur die Unabkömmlichen und die Armen, die keine Verwandten auf dem Land hatten, blieben in der Stadt.

Eine melancholische Stimmung herrschte in den Straßen. Das hing wohl auch damit zusammen, dass es auf dem Balkan wieder einmal kriselte. Aber dort kriselte es fast immer, daran hatte man sich schon gewöhnt. Die Monarchie Österreich-Ungarn war eben schon etwas altersschwach, wie auch ihr Kaiser. Auch daran hatte man sich gewöhnt. Irgendwie würde eben weitergewurstelt werden, wie bisher.

Adi kam mit niemandem ins Gespräch, suchte niemandes Gesellschaft, blieb für sich, redete tagelang nur mit sich selbst. Aber täglich stand er vor den Schaukästen des Hauses Stumpergasse 7 und las die neueste Ausgabe des ALLDEUTSCHEN TAGBLATTS, der Zeitung, die er schon aus Linz kannte. In der Weltsicht dieser Zeitung fühlte er sich zu Hause, denn sie strebte ein Reich aller Deutschen an, benutzte oft die Vokabeln »artfremd«, »entartet« und »Rasse« und griff die Juden an, wann immer sich ihr eine Gelegenheit dazu bot. Tag für Tag bezog er aus dieser Zeitung Informationen und Ideen, die seine Sicht der Dinge bestätigten und sein Weltbild maßgeblich mitprägten.

Schon bald, nachdem Gustl abgereist war, kam Post von ihm: Er bat Adi, bei Riedl, dem Kassier des Musikerverbandes, den laufenden Mitgliedsbeitrag für ihn zu zahlen. Außerdem solle er sich dort Gustls Mitgliedsbuch geben lassen, ebenso die Zeitschriften vom Musikerverband, und ihm bitte beides zuschicken.

Das tat Adi. Auf einer Ansichtskarte WIEN 1, GRABEN, DREIFALTIGKEITSSÄULE schrieb er an Gustl:

Lieber Gustav! – War bei Riedl 3 mal und nie getroffen erst Donnerstag abends konnte ich ihm zahlen. Für deinen Brief und besonders deine Karte meinen herzlichsten Dank. Er sieht sehr prosaisch aus, der Brunnen nähmlich. Seit dei-

ner Abfahrt arbeite ich sehr fleißig, oft wieder bis 2 ja 3 Uhr früh. Wann ich fortfahre schreibe ich dir. Habe gar keine Lust, wenn meine Schwester auch kommt. Übrigens ists bei uns jetzt nicht heiß, es regnet sogar hie und da. Neben bei sende ich dir auch deine Zeitungen sowie das Büchel. Viele Grüße an dich und deine werten Eltern.

Zwei Tage später erhielt Adi ein Paket. Er wunderte sich, als es ihm der Paketbote entgegenhielt.

»Ein Paket? Für mich?«

Wer um alles in der Welt schickte ihm ein Paket?

Absender: Frau Kubizek, Gustls Mutter, die gebürtige Tschechin. Adi streifte die Schnüre ab, riss das Packpapier in Fetzen herunter und machte sich über den Streuselkuchen her. Auch Butter, Käse und Griebenschmalz enthielt das Paket. Und Backpflaumen. Und Buchteln.

Zwei Tage lang kaute Adi fast ununterbrochen, dann hatte er – außer dem Griebenschmalz – alles weggeputzt. Gustl hatte seiner Mutter wohl erzählt, dass da einer in Wien kurz vor dem Verhungern stehe. Er schnaubte grimmig durch die Nase: Bemitleidet wurde er!

Er hatte sich jetzt wieder der Neuplanung von Linz zugewandt und brauchte dafür ein paar Zahlen aus dem »Führer durch Linz«. Außerdem benötigte er dringend den aktuellen Fahrplan der Donauschiffe, denn er wollte einen Teil der Reisestrecke nach Spital auf der Donau zurücklegen. Auf dem Schiff war das Reisen billig und bis Melk war die Donaustrecke die beste Verbindung.

Er schrieb also wieder an Gustl:

Lieber Freund! – Du wirst dir vielleicht schon gedacht haben weshalb ich so lange nicht schreibe. Die Antwort ist sehr einfach, ich wußte nicht's womit ich, dir hätte aufwarten können, und was dich besonders interessirt hätte. Vorerst. Ich bin noch immer in Wien, und bleib auch hier.

Allein hier, denn Frau Zakreys ist bei ihrem Bruder. Trotzdem geht es mir ganz gut, bei meinem Einsiedlerleben. Nur eines geht mir ab. Bisher hat mich Frau Zakreys immer in der Früh aufgetrommelt, ich stand immer schon sehr bald auf, um zu arbeiten während ich jetzt auf mich selber angewiesen bin. In Linz ist nichts Neues los? Vom Theaterbauverein hört man jetzt überhaupt nichts mehr. Wenn die Bank vollendet ist, bitte sende mir eine Ansichtskarte. Und nun noch zwei Bitten hab ich für dich. Erstens: Wenn du so gut wärst und mir den »Führer durch die Donaustadt Linz« kaufen wolltest, nicht den Wöhrl, sondern den eigentlichen Linzer von Krakowitzer herausgegebenen. Am Einband ist eine Linzerin, der Hintergrund stellt Linz von der Donauseite dar mit Brücke und Schloss. Er kostet sechzig Heller, die ich dir in Marken beilege. Ich bitte dich sende mir denselben soffort entweder franco oder Nachnahme. Die Kosten werd ich dir ersetzen. Passe aber auf daß der Fahrplan der Dampfschiffahrtsgesellschaft, sowie der Stadtplan dabei ist. Ich brauche ein paar Zahlen die ich vergessen habe, und die ich im Wöhrl nicht finde. Und zweitens bitte ich dich, daß, du mir wenn, du wieder mit dem Schiff fährt mir eine solchen Führer mitnimmst, wie du heuer einen hattest Das »nach Belieben« werde ich dir zahlen. Also bitte du bist so gut, nicht wahr. Neues weiß ich gar nichts sonst, höchstens daß ich heute Vormittag ein Mordstrum Wanzen erwischte, die auch bald darauf tot in »meinem« Blute schwamm, und daß mir jetzt die Zähne klappern vor lauter »Hitze«. Ich glaube so kalte Tage werden nur in wenig Sommern sein, wie heuer. Auch bei euch so, nicht wahr? Jetz viele Grüße an dich und deine werten Eltern, und indem ich meine Bitten wiederhole bleibe ich d.Fr.

Dem Brief legte er eine Notiz bei, dass er auch den Reiseführer bezahlen werde, sobald er dessen Preis wisse.

Gustls Mutter beließ es nicht bei dem einen Paket. In zeitlichen Abständen kamen ein zweites an, ein drittes. Adi schwelgte in Kuchen, Käse und Fett. Einmal wurde ihm sogar schlecht, nachdem er zu viel in sich hineingestopft hatte. Das war sein Magen nicht mehr gewohnt.

Aber die Kubizek-Pakete ärgerten ihn: Durch sie wurde Gustl zum Wohltäter. Er selbst sah sich in der ihm verhassten Rolle des Milde-Gaben-Empfängers.

Er bedankte sich mit einer Ansichtskarte, auf der ein »Zeppelin« abgebildet war, das Modernste der Luftfahrtechnik des beginnenden zwanzigsten Jahrhunderts:
Lieber Freund! – Meinen besten Dank für deine Liebenswürdigkeit. Butter und Käse brauchst du mir jetzt nicht zu senden. Ich danke dir aber herzlich für den guten Willen. Heute Lohengrin« den ich besuche. Viele Grüße an dich und deine werten Eltern. Frau Zakreys läßt sich fürs Geld bedanken und grüßt dich und deine Eltern.
Ja, er musste nun bald nach Spital fahren. Die Verwandten von dort hatten ihm schon wieder ein Kärtchen geschickt und ihn gedrängt, bald zu kommen. Er verschob die Abreise von einem Tag auf den anderen.

Als er wieder einmal auf Wanzenjagd war, fiel ihm seine Mappe auf dem Schrank ins Auge, hoch oben auf dem obersten Koffer. Er holte sie herunter, schlug sie auf und betrachtete eine Zeichnung nach der anderen. Dabei ging ihm vieles durch den Kopf: die Zeit in Linz; die mächtige Liebe zu Stefanie – ein Traum, der inzwischen verblasst war; die letzten Monate mit der Mutter. Lange vertiefte er sich in die Zeichnung, die er von ihr kurz vor ihrem Tod angefertigt hatte. Nein, darin ließ sich so gut wie keine Ähnlichkeit finden. Dieses Portrait war eher hinderlich im Bemühen, sich an ihre letzten Stunden zu erinnern. Er zerriss es und warf es in den Papierkorb.

Wieder durchblätterte er gedankenversunken die Zeichnungen und Aquarelle. Er dachte an die Aufnahmeprüfung. Die Erinnerung tat weh. Bisher hatte er sie immer zu verdrängen versucht. Aber nun drängten sich neue Gedanken in sein Bewusstsein. Er registrierte sie überrascht.

Vielleicht war die negative Entscheidung der Professoren im vergangenen Jahr nur auf Grund von Zufällen zustande gekommen? Durch eine schlechte Laune des Professors X oder eine Magenverstimmung des Professors Y? Vielleicht war die Anzahl der Kandidaten, die die Prüfung bestehen durften, vorgegeben gewesen? Möglicherweise würde sich die diesjährige Aufnahmeprüfung ganz anders gestalten?

Er spielte mit dem Gedanken, die Prüfung im Herbst noch einmal zu wagen.

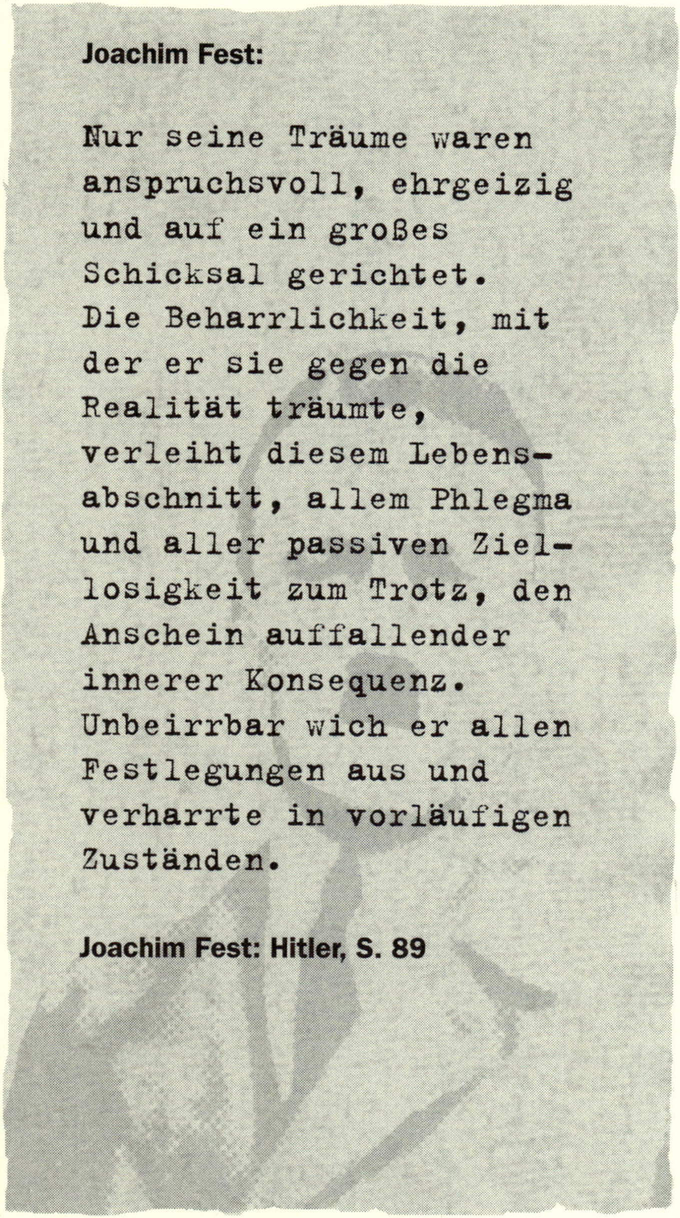

Joachim Fest:

Nur seine Träume waren anspruchsvoll, ehrgeizig und auf ein großes Schicksal gerichtet. Die Beharrlichkeit, mit der er sie gegen die Realität träumte, verleiht diesem Lebensabschnitt, allem Phlegma und aller passiven Ziellosigkeit zum Trotz, den Anschein auffallender innerer Konsequenz. Unbeirrbar wich er allen Festlegungen aus und verharrte in vorläufigen Zuständen.

Joachim Fest: Hitler, S. 89

Als Adi wieder einmal im »Auge Gottes« in einer Zeitung blätterte, stieß er auf einen Artikel, der ihn sofort fesselte. Es ging darum, dass man in Linz von einem Theaterneubau abgekommen sei. Die dafür nötige immense Bausumme sei nicht aufzutreiben.

Grund genug für Adi, in Zorn zu geraten. So viele Hoffnungen hatte er an diesen schon so lange geplanten Neubau gehängt – seit Jahren! Alle Nachrichten über dieses Projekt hatte er eifrig verfolgt! Und jetzt *das*!

Er zahlte, stürmte hinaus und eilte in großen Schritten, die Faust durch die Luft hauend, in die Stumpergasse. Dieser elende Gemeinderat in Linz – eine Ansammlung der größten Trottel der Stadt! Der kleinmütigsten Kreaturen, die über der Geldfrage die große Idee aus dem Auge verloren!

Kaum in seinem Zimmer, angelte er nach dem nächstbesten Papierbogen und schrieb an Gustl.

Guter Freund! – Erst bitte ich dich um Verzeihung dafür, daß ich so lange keinen Brief schrieb. Es hatte dieß auch seine guten, oder besser schlechten Gründe; ich wußte nichts womit ich dir hätte aufwarten können. daß ich dir nun doch auf einmal schreib beweist nur daß ich sehr lange suchen mußte um, dir die par Neuigkeiten zusammen zu suchen. Also ich beginne

Erstens läßt sich unsere Zimmerfrau die Zakays für das Geld schön bedanken Und zweitens bedanke ich mich bestens für deinen Brief. Die Zakrays dürfte sich wahrscheinlich mit dem Schreiben schwer tun (sie behersch das Deutsch zu schlecht) deshalb bat sie micht ich möchte dir und deinen werten Eltern ihren Dank überliefern. Ich habe jetzt gerade einen starken Bronchial Catarre überstanden. Mir scheint Euer Musikerbund befindet sich jetzt in einer Krisis. Wer hat den die Zeitung eigentlich herausgegeben die ich dir zum letzten mal schickte. Ich hatte damals den Betrag schon längst gezahlt. Weißt du näheres. Bei uns ist jetzt schönes angenehmes Wetter, es regnet nähmlich sehr stark Und heuer im Jahre der Backofenhitze ist daß wahrhaftig des Himmels Segen. Nun werde ich Ihn aber auch nur mehr kurze Zeit genießen Samstag oder Sonntag dürfte ich wahrscheinlich fortfahren. Werde dich davon genau verständigen. Schreibe jetzt ziemlich viel, gewöhnlich nachmittags und abends. Hast du den letzten Entscheid des Gemeinderates in Bezug des neuen Teaters gelesen. Mir scheint die wollen gar den alten Krempel noch einmal flicken. Es geht dies aber so nicht mehr weil Sie von der Behörde die Erlaubniß nicht mehr bekämen. – Jeden falls zeigt die ganze Phrasenreiterei das diese hochwohlgeborenen und allermaßgebensten Faktoren vom Bau eines Teaters gerade so viel Iede haben, wie ein Nilpferd vom Violinspielen. Wenn mein Handbuch der Architektur nicht schon so miserablich auschaun täte, möchte ich es sehr gern einpacken und mit nachfolgender Teatergrüngsvereinsentwurfsbauausführungskomiteesgemäßer Adreße versenden »An das alhierige hochwohlgeborene gestrenge alllöbliche Comitoria zur Etwaegen Erbauung und allfallige Ausstattungen …« Und damit schließe ich nun Grüß dich und deine werten Eltern vielmals und verbleibe dein Freund

Seine Unterschrift trug schon lange keinen Schnörkel mehr. Diese billige Großtuerei hatte er hinter sich.

Nachdem er den Brief abgeschickt hatte, tat er endlich das, was er seit Anfang Juli vor sich hergeschoben hatte: Er fuhr nach Spital zu seinen Verwandten.

Immer wieder hatte Tante Therese nach Wien geschrieben: Ja, wann kommst du denn nun?

Jetzt war er da. Er schlief in einer Dachkammer des Hofes, und alles war ihm so vertraut aus seiner Kinderzeit.

Damals, noch in der Grundschule, war er mit der Mutter manchmal im Sommer hierher gereist, zusammen mit Edmund, seinem jüngeren Bruder, der ja dann gestorben war. Und bei den letzten Spital-Besuchen war auch schon Paula dabei gewesen, als pausbäckiges Kleinkind.

Adi kannte sich im Kuhstall aus, suchte die Schwalbennester und fand sie unter dem Dachvorsprung des Stallgebäudes. Er schlenderte durch den bunten Bauerngarten der Tante, betrachtete tiefsinnig die Hühner, die im Misthaufen scharrten, spazierte durch den Wald.

Dort zwischen den Felsen hatte er damals mit anderen Jungen aus dem Dorf Krieg gespielt. Und an der einsamen Fichte auf der Lichtung waren sie hinaufgeklettert und hatten zu dritt oder viert versucht, ihren Wipfel in Schwingungen zu bringen – bis die Mutter gelaufen kam und vor Entsetzen geschrien hatte. Ihr Adi – wenn er herunterstürzte und sich das Genick brach! Sie hatte doch nur noch diesen einen Sohn!

Adi roch den würzigen Nadelwaldduft, der so viele Erinnerungen in ihm weckte: die verharzten Hosen, das Spechtgehämmer, das dürre Reisig, das er als Bub stolz auf dem Klotz klein gehackt hatte. Onkel Anton, Tante Thereses Mann, der hier Bauer war, hatte ihn dafür gelobt.

Und die Laubhütten, die sie sich gebaut hatten!

»Ach Junge«, hatte die Hannitante gerührt ausgerufen, als er angekommen war, »dass ich dich noch einmal sehe! Und so schmal bist du geworden. Aber wir werden dich schon herausfüttern, du Armer.«

Und sie hatte seinen Kopf heruntergebogen und ihm einen Kuss auf die Stirn gedrückt.

»Du Armer«, hatte sie gesagt. Ha ha. Wer war denn hier der oder die Ärmere? Für diese bucklige Dienstmagd gab es doch keine Zukunft!

Sie meinte es ja so gut, die Hannitante, das arme Ding.

Aber über die Themen, die *ihm* wichtig waren, konnte sich Adi mit ihr nicht unterhalten. Mit niemandem auf dem ganzen Hof. Auch nicht mit seiner Stiefschwester Angela, die – zu seinem Missvergnügen – auch nach Spital zu Besuch gekommen war und immer noch, genau wie früher, den Anspruch erhob, ihn bevormunden zu wollen. In alles mischte sie sich ein, sein ganzes Leben wollte sie in ihre Regie nehmen! Was glaubte sie eigentlich, wer sie war?

Paula, die jetzt schon Busen hatte, schlug sich von Tag zu Tag mehr auf Angelas Seite. Begegnete sie Adi allein, schaute sie weg und tat so, als habe sie ihn nicht gesehen. Es schien ihr sehr gut bei Angela zu gefallen, und meistens sah Adi sie mit deren Kinder beschäftigt, dem kleinen Leo und der noch kleineren Geli.

Diese Winzlinge konnten einem schon auf die Nerven gehen. Entweder stanken sie oder plärrten sie oder taten beides gleichzeitig.

Angela setzte ihm Geli einmal auf den Arm. »Da – du bist doch ihr Onkel. Kannst dich schon mal an kleine Kinder gewöhnen. Du wirst ja auch mal welche haben.«

Adi konnte sich nicht vorstellen, später in seiner Arbeit, für die äußerste Konzentration aufzubringen war, von eigenen Nachkommen dieses Alters behindert zu werden. Ein Albtraum! Und er nahm die nächstbeste Gelegenheit wahr, den Säugling wieder loszuwerden, zumal er stank und so dicht an einem Gesicht, das ihm ungewohnt war, auch noch zu plärren begann.

Ja, das Essen war gut. Vor allem die Mehlspeisen ließen sich genießen, und es gab sie in Mengen. Adi schaufelte jedes Mal zwei, drei Portionen in sich hinein. Und die Landluft machte seine Lungen weit.

Aber seine Verwandten sorgten dafür, dass er sich immer weniger wohl fühlte und die Atmosphäre immer gespannter wurde. Sie schlossen sich gegen ihn zusammen, und Angela war die Wortführerin. Man überließ es ihr, zu sprechen, weil sie ja Städterin und also im Ausdruck gewählter und gewandter war.

»Das ist doch nichts Gescheites, was du dort in Wien machst«, sagte sie zu Adi. »Schade um das Geld, das du verbrauchst, ohne dass dabei etwas herausschaut.«

Adi wurde hellhörig. Hatte die Hannitante verraten, was sie wusste? Hatten sie spitzgekriegt, dass er gar nicht Kunst studierte? Hatte sich Angelas Mann, der Raubal Leo, etwa in Wien erkundigt?

Nein, sie glaubten noch an die Akademie-Geschichte, denn Tante Therese fragte: »Wie lange musst du denn noch studieren?«

»Und hast du denn schon irgendetwas verdient mit deinen Bildern?«, ließ sich sogar Onkel Anton vernehmen, den Adi als sehr schweigsam kannte.

Adi entzog sich diesen Kreuzverhören, indem er in den Wald wanderte. Aber notgedrungen musste er irgendwann wieder zurückkommen, und dann ging das Gekrittel weiter.

»Ach, wenn das deine Mutter wüsste«, jammerte Tante Therese, »dass du auf keinen grünen Zweig kommst. Sie hat doch so große Stücke auf dich gehalten, hat für dich gespart, hat auf dich nichts kommen lassen, die Arme ...«

»Leo kann dir behilflich sein, eine Stelle zu finden«, sagte Angela. »Vielleicht irgendwo in einem Büro als Sekretär. Oder in einer Amtsstube. Er hat Beziehungen. Du musst halt nur wollen, musst aus Wien zurückkommen. Wir wollen doch nur dein Bestes, Adi.«

Paula, die junge Schwester, sah ihn feindlich an und

seufzte: »Was soll man denn sagen, wenn man gefragt wird, was du bist? Da kommt man in Verlegenheit.«

Er hatte ihr wieder ein Buch mitgebracht, aber sie hatte es noch nicht einmal ausgepackt. Es lag auf der Fensterbank. Einmal saß die Katze darauf und schnurrte.

»Warum packst du es nicht aus?«, fragte er gekränkt.

»Ich bin noch nicht dazu gekommen«, log sie, machte aber keine Anstalten, das Versäumte nachzuholen.

»Hast du jetzt den Don Quijote gelesen?«, fragte er streng.

»Nein, für so was interessiere ich mich nicht.«

»Hast du dich an meine Leseliste gehalten?«, fuhr er sie an. »Ich habe mir solche Mühe mit ihr gemacht!«

Nein, das hatte sie nicht. Die Liste war auch gar nicht mehr da, der kleine Leo hatte sie in die Finger gekriegt und zerrissen. Und überhaupt, Adi solle nicht so tun, als ob er allein wisse, was gut für sie sei. Er wisse ja nicht einmal, was gut für ihn selber sei. Sonst würde er mit dem Kunststudium aufhören und seinen Lebensunterhalt selber verdienen, statt anderen auf der Tasche zu liegen.

Adi schäumte vor Wut. Aus Paulas Worten hörte er Angelas und vor allem Leos Meinung heraus. Nein, hier in Spital war es nicht mehr auszuhalten. Mit dieser Verwandtschaft, die in ihm nur eine verkrachte Existenz sah, nicht aber zu erkennen bereit war, was in ihm steckte, wollte er nichts mehr zu tun haben. Er brach seinen Besuch ab.

Aber bevor er nach Wien zurückreiste, gelang es ihm die Hannitante unter vier Augen zu sprechen. Sie weinte und umarmte ihn: »Dass dein Besuch so enden musste!«

»Borg mir Geld, Hannitante«, flüsterte Adi. »Ich bin bald am Ende. Ich muss doch von was leben. Und ich zahl dir's ja auch zurück, später. Ehrenwort!«

Er wusste, dass sie was auf dem Sparbuch hatte. Und er hatte sich nicht in ihr getäuscht: Sie borgte ihm 924 Kronen. Ja, es stellte sich heraus, dass sie schon seit längerem vorgehabt haben musste, ihm diesen Betrag zu leihen, denn sie hatte das Geld bereits aus Linz mitgebracht – für ihn.

Gute Hannitante. Die Letzte, die zu ihm hielt. Mit dem Rückzahlen brauchte er sich nicht zu beeilen. Aber sie betrügen? Nein. Er würde sie nicht enttäuschen.

Er hatte sich entschlossen, die Prüfung noch einmal zu machen.

Kaum zurück in Wien, zeichnete er mit Feuereifer Gebäude und Landschaften. Einen Teil des Hannitanten-Geldes gab er für Zeichen- und Malmaterial aus. Da waren auch noch ein paar Arbeiten, die er im vergangenen Herbst in der Panholzer Schule angefertigt hatte. Und aus Spital hatte er ebenfalls einige Zeichnungen und Aquarelle mitgebracht: Höfe und Heustadel, Baumgruppen, scharrende Hühner und buckelnde Katzen. Den kleinen Leo hatte er einmal abzuzeichnen versucht, aber das war nichts geworden. Der hielt ja nicht still.

Adi leerte die Mappe und tat die neuen Arbeiten hinein. Sie wurde wieder voll. Ein neues Angebot, das sich sehen lassen konnte. Davon war er überzeugt.

Diesmal *musste* es klappen!

Die Autorin:

Als die Nachricht von Hitlers Tod gemeldet wurde, weinte ich verzweifelt. Siebzehn Jahre war ich damals alt. Ich konnte mir eine Welt ohne den Führer einfach nicht vorstellen.

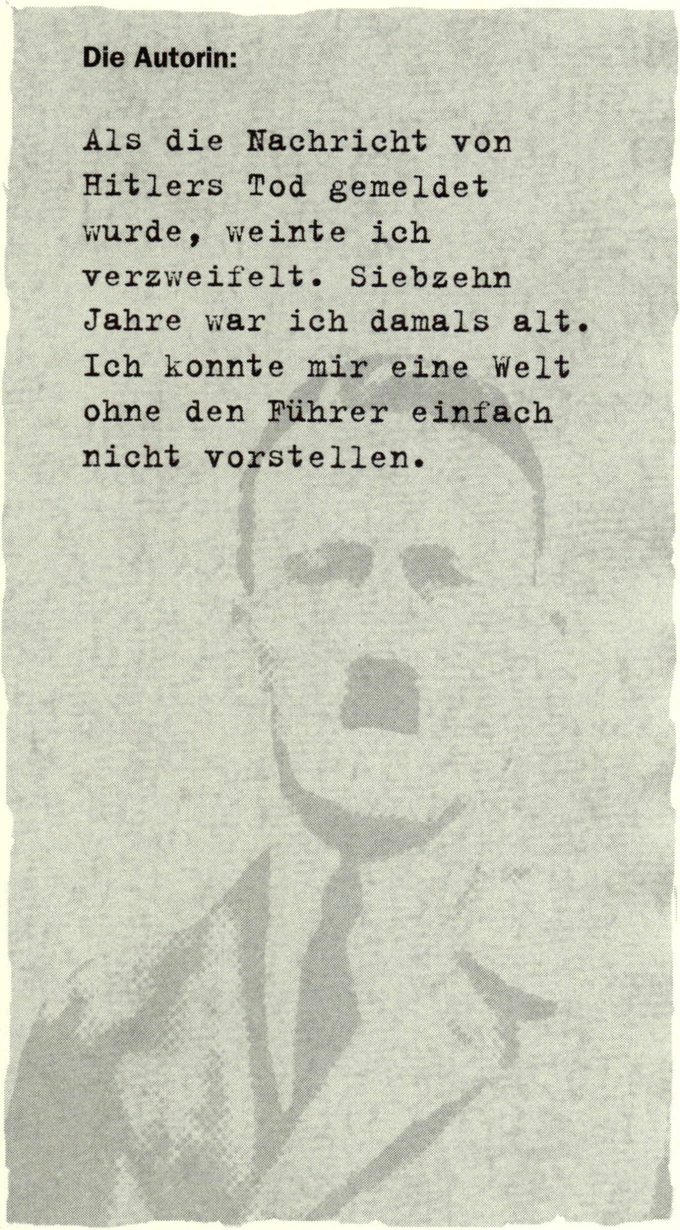

Guten Mutes meldete sich Adi zur Aufnahmeprüfung in der Kunstakademie an. Die neu gefüllte Mappe reichte er pünktlich ein. Ihr Inhalt würde genügen, um ihm die Zulassung zur Prüfung zu verschaffen, genauso wie im vergangenen Jahr. Erst die Klausur würde das eigentliche Problem sein.

Aber zu seinem Schrecken fand er seinen Namen auf der Liste derjenigen Bewerber, die gar nicht erst zur Prüfung zugelassen worden waren.

Zweimal nacheinander hatte ihn die Akademie also als ungeeignet für ein Kunststudium befunden!

Niedergeschlagen kehrte er heim in die Stumpergasse.

Was jetzt? Wie sollte sein Leben weitergehen? Ihm blieb die Gnadenfrist von ein paar Monaten, dann würde er allein von seiner Waisenrente leben müssen. Das war unmöglich …

Sollte er doch zurückkehren nach Linz und dort ein kleiner Schreiberling in einem Büro, einem Amt werden? Womöglich ein Beamter?

Nein! Klein beigeben, den Schwanz einziehen und kuschen, das war noch nie seine Sache gewesen. Irgendwie würde er schon seinen Weg finden, wenn nötig, mit dem Kopf durch die Wand. Adi war fester denn je davon überzeugt, dass er dafür vorgesehen war, dereinst eine große Aufgabe zu übernehmen.

In den Tagen, in denen er seine Gedanken ganz auf die Aufnahmeprüfung konzentriert hatte, war etwas geschehen, was nun, nach dem deprimierenden Bescheid der Akademie, seine ganze Aufmerksamkeit beanspruchte: Österreich hatte Bosnien und die Herzegowina annektiert. Das hieß, es hatte sich zwei bisher freie Staaten gewaltsam angeeignet.

Das war glattes Unrecht. Ganz Europa zeigte sich

empört. Die internationale Presse war voller Kriegsgeschrei. Die Wiener schwankten. Einerseits hingen sie an ihrem alten Kaiser, andererseits fürchteten sie einen Krieg.

Nur ja keinen Krieg! Der würde sie ihre Gemütlichkeit und Bequemlichkeit kosten. Und Kriege pflegten grundsätzlich unberechenbar zu sein.

Adi verfolgte von Tag zu Tag gespannt die Zeitungsmeldungen. Die Welt konnte der Monarchie diesen Gewaltstreich doch nicht durchgehen lassen! Der Krieg *musste* kommen!

Das konnte nur eine Frage von Tagen sein. Dann würde das alte Habsburgerreich, das ja nur noch mit Mühe zusammenhielt, auseinander brechen. Recht so! Was Österreich betraf, tat eine baldige Reinigung Not, eine Beschränkung auf das deutsche Element in der Monarchie – und dessen Stärkung!

Aber es brach kein Krieg aus. Europa kam den Völkern, denen die Österreicher ihre Freiheit genommen hatten, nicht zu Hilfe. Es ließ sie einfach im Stich.

Adi staunte. Das hatte er nicht für möglich gehalten: dass die Großmächte Österreich einfach gewähren lassen würden, ohne einzugreifen. Vor den Augen der ganzen Welt waren Bosnien und Herzegowina besetzt worden, und man ließ es geschehen!

Adi nahm fasziniert zur Kenntnis, dass sich eine so dreiste Freiheitsberaubung ohne Widerstand der Völkergemeinschaft durchführen ließ.

Es war Herbst geworden. Buntes Laub wirbelte durch die Alleen und Anlagen. Nun verlangte ein Problem, das Adi wochenlang vor sich hergeschoben hatte, eine schnelle Entscheidung: Bald würde Gustl, der in diesem Herbst einen achtwöchigen Wehrersatzdienst ableistete, nach

Wien zurückkehren. Wollte er wirklich weiter mit ihm zusammenwohnen, noch dazu jetzt, nachdem er ein zweites Mal auf der Kunstakademie durchgefallen war? Mit ihm, der einen so glänzenden künstlerischen Start geschafft hatte?

Freilich, Gustl vermied es, ihm seine Triumphe genüsslich aufs Butterbrot zu schmieren. Trotzdem schufen die Tatsachen eine unerträgliche Spannung und brachten ihn, Adi, in eine wenig angenehme Lage.

Adi wusste: Je mehr Erfolge Gustl auf dem Konservatorium einheimsen würde, umso mehr würde er ihn hassen. Er hasste in ja schon jetzt!

Also verabschiedete er sich am 18. November mit ein paar höflichen Dankesworten von der alten Zakreys, die ganz verdattert schaute, zahlte seinen Teil der Miete und zog aus, ohne seine neue Adresse zu hinterlassen.

»Ja, aber wenn der Herr Kubizek kommt«, meinte sie verstört, »wird er sicher wissen wollen, wo Sie hingezogen sind …!«

»Das erledige ich schon«, antwortete Adi unwirsch.

In der Felberstraße Nr. 22, Tür 16, nicht weit von der Stumpergasse, war sein neues Domizil. Dorthin schleppte er jetzt seine Koffer mit den vielen Büchern und seine Bildermappe. Das Zimmer war zwar kleiner als das frühere, aber heller. Und kein Flügel stand darin. Adi konnte also ungehindert im Raum hin und her wandern, wenn er nachdenken wollte. Im Übrigen war es etwas billiger, allerdings auch dementsprechend verwanzt.

Neue Adresse, neue polizeiliche Anmeldung – eine unvermeidliche Prozedur. In der Stumpergasse hatte er sich als »Künstler« bezeichnet. Jetzt schrieb er in die Rubrik Beruf: STUDENT. Neunzehneinhalb Jahre alt.

Die Tage wurden kürzer und grauer und für Adi einander immer ähnlicher. Nur noch manchmal leistete er sich einen Opernbesuch. Trotz Hannitantes Finanzspritze musste er sparen. Wer wusste denn, wie lange er noch ohne eigene Einkünfte würde weiterwursteln müssen?

Wie gewohnt, schlief er meistens bis Mittag, dann aß er ein paar Scheiben Brot und trank Milch dazu, dann setzte er sich meistens in irgendein Café, nippte den ganzen Nachmittag an derselben Tasse und vertiefte sich in die Zeitungen und Zeitschriften, die dort auslagen.

Er mied das »Auge Gottes«. Dort hätte er mit Gustl, der nun wieder in Wien sein musste, zusammentreffen können. In der Stumpergassen-Zeit war das »ihr« Café gewesen. Nein, dem Gustl wollte er jetzt auf keinen Fall begegnen, denn der würde Fragen stellen, die peinlich werden konnten.

Vielleicht war Gustl ja auch gar nicht mehr an ihm und ihrer Freundschaft interessiert? Denn wäre er erpicht darauf gewesen, ihn zu finden, hätte er bloß auf das Zentralmeldeamt zu gehen brauchen. Dort hätte er – gegen eine kleine Gebühr – Adis gegenwärtige Adresse sofort erhalten.

Aber auch eine Zufallsbegegnung mit Gustl wollte Adi vermeiden. Er wollte nichts mehr mit seiner Vergangenheit zu tun haben, wollte seine Gegenwart allein gestalten und seine Zukunft nicht von den Schatten anderer verdunkelt sehen.

Die Bosnienkrise hatte Adis lebhaftes Interesse an nationaler wie internationaler Politik noch angeheizt. Bei der Zeitungslektüre schüttelte er oft den Kopf, ballte die Faust, nickte Zustimmung, lachte hämisch. Was für Intrigen, was für raffinierte Schachzüge, was für Theaterdonner und Säbelgerassel!

Wien hatte viele Zeitungen und Zeitschriften anzubieten. Solche mit niedrigem Niveau für das einfache Volk. Die interessierten Adi nicht. Klassenbewusste für das Proletariat. Mit dem wollte Adi nichts zu tun haben. Andere für Kirchenkreise, wieder andere stramm vaterländisch ausgerichtet. Daneben gab es anspruchsvolle Blätter, die sich der modernen Literatur und Musikwelt widmeten. Adi begegnete den Namen Herzl und Hofmannsthal, Schnitzler und Kraus. Sie sagten ihm nichts. Aber als er in ihre Texte hineinschnupperte, empörte er sich über das, was er las. Dekadent, unsauber, ja obszön! Auch was er über die neuen Opern las, brachte ihn in Wut. »Das ist Pestilenz, geistige Pestilenz, schlimmer als der schwarze Tod von einst!«, rief er halblaut und fuchtelte erregt.

Nein, man brauchte solche Opern gar nicht erst anzuschauen, solche Bücher gar nicht erst zu lesen um zu wissen, wie abgrundtief verderbt sie waren. Man brauchte sich nur die Namen der Komponisten und Autoren anzusehen, und schon wusste man Bescheid! Juden!

Adi dämmerte es: Sein Scheitern bei den Aufnahmeprüfungen war kein dummer Zufall, sondern knallharte Absicht gewesen, entsprechend einem Prinzip, das überragende Talente ausgrenzte, die nicht in den kleinlichen Rahmen einer Akademie der Bildenden Künste passten. Auch an seiner Erfolglosigkeit konnten nur die Juden schuld sein. Sie waren das Übel, an dem die ganze Menschheit litt!

Von nun an las er auch das »Deutsche Volksblatt«, das von allen Wiener Zeitungen am eifrigsten gegen die Juden hetzte.

Als er einmal Brot und Milch einkaufen ging, blieb er, schon auf dem Rückweg, vor einem verstaubten Schaufenster stehen. Es gehörte zu einem Zigarrenladen. Läden, die Tabakwaren verkauften, interessierten ihn nicht. Hier aber wurden auch Zeitschriften verkauft. Im Schaufenster lag ein Heft, auf dem die Schlagzeilen prangten: SIND SIE BLOND? DANN SIND SIE EIN KULTURTRÄGER UND BEWAHRER DER ZIVILISATION! SIND SIE BLOND? DANN SIND SIE VOM AUSSTERBEN BEDROHT!

Die Zeitschrift hieß OSTARA. Das war der Name der germanischen Frühlingsgöttin.

Obwohl Adi nicht blond war, kaufte er die Zeitschrift.

Kaum in seinem Zimmer angekommen, verschlang er sie. Diese Lektüre fesselte ihn über alle Maßen. Da stand zu lesen, dass die Menschheit ursprünglich heldenhaft und gut gewesen sei, nach dem Bilde Gottes geschaffen. Aber durch schlechte Zuchtwahl sei sie immer minderwertiger geworden. Nur durch ein rigoroses Zuchtprogramm könne der Mensch wieder rückveredelt werden: indem sich die Blonden und Blauäugigen nur untereinander paarten.

Jetzt begriff Adi plötzlich die Zusammenhänge. Endlich wusste er, warum er im Leben nicht weiterkam! In dem Heft war von »Tiermenschen« die Rede, von »Affenmenschen«. Adi sah sich die Illustrationen genau an. Da machten sich haarige Unholde über blonde Frauen her.

Damit konnten nur die Juden gemeint sein.

Na bitte – wieder ein Hinweis! Alles Undeutsche, Artfremde war der eigentliche Grund dafür, dass es mit der österreichischen Monarchie bergab ging. Und mit Deutschland! Mit der ganzen Welt!

Stundenlang wanderte er in seinem Zimmer hin und her, redete laut mit sich selber und gestikulierte. Dann setzte er sich an den Tisch und zeichnete bis in die Nacht hinein Muster. Er hatte ein Zeichen in diesem OSTARA-Heft entdeckt, das ihn entflammte. Schon früher war er ihm in Heldensagenbüchern und Schriften über die alten Germanen begegnet: dem Kreuz mit Haken. Eine Rune solle das sein, hatte er irgendwo gelesen. Er stellte sich das Zeichen auf einer Fahne vor. Das sah gut aus. Schwarze Rune in weißem Kreis auf leuchtend rotem Tuch!

Adi verbrachte viel Zeit des Winters im Bett, trotz der Wanzen. Denn nur im Bett gelang es ihm sich kostenlos zu wärmen. Für Holz und Kohlen zum Beheizen des Zimmers wollte er kein Geld ausgeben. Er musste an die Zukunft denken.

Freilich, da gab es auch noch die Aufwärm-Säle in der Stadt, in die sich die Obdachlosen flüchten konnten, um nicht zu erfrieren. Aber dort herrschte ein unbeschreiblicher Mief, und es durfte nicht geredet werden. Auch nicht mit sich selbst. Adi hatte einmal, im ersten Wien-Winter, aus purem Interesse dort hineingeschaut. Nein, in solch einem Saal sich aufzuhalten, war für ihn unvorstellbar.

Noch konnte er sich so sauber halten – wenn er in seinem Äußeren die Ärmlichkeit auch nicht mehr verhehlen konnte –, dass man ihn in die Lesesäle der Büchereien einließ. Dort hielt er sich ganze Tage auf. Er war aber kaum mehr fähig, sich in Bücher zu vertiefen. Die Gedanken ließen sich oft nicht mehr in bestimmte Richtungen zwingen. Dann gehorchten ihm nur noch die Augen. So warf er sich in den Lesesälen auf die Malerei des 19. Jahrhunderts: Anselm Feuerbach und Franz von Stuck wurden seine Lieblinge. Die Modernen wie Gustav Klimt und Otto Kokoschka, die ja seine Zeitgenossen waren, lehnte er ab, obwohl er nur einige wenige Werke von ihnen kannte.

Einmal, im Februar 1909, versank Wien in Schneemassen. Adi tappte mit nassen Füßen durch den Matsch, den Kragen hochgeschlagen. Da hielt ihn der Vorarbeiter einer städtischen Schauflerkolonne an: »Uns ist einer ausgefallen. Es ist Not am Mann, bei diesen Mengen. Willst du dir ein paar Heller verdienen?«

»Wie kommen Sie dazu, mich zu duzen?«, schnaubte Adi empört und ließ ihn stehen. Aber ein paar Straßen weiter schaufelte er doch, und zwar für eine alte Bäckersfrau, die ihm dafür ein paar Heller und ein frisches Brot anbot. Sie habe Ischias, sonst würde sie es selber machen.

Was für ein entsetzlich langer, nasskalter Winter. Nicht einmal eine Frau Zakreys war da, die schon mal, zu besonderen Gelegenheiten, ein Tässchen Kräutertee angeboten und ihn auf Wunsch gegen Mittag aus dem Bett »herausgetrommelt« hatte.

Die Vermieterin in der Felberstraße kümmerte sich nicht um ihn. Für sie war er ein Objekt, das Geld einbrachte. Mehr nicht. Sie würde sich nur lebhaft für ihn interessieren, wenn er die Miete schuldig blieb.

Nur manchmal klopfte sie an die Wand, wenn er lautstark die Wanzen verfluchte.

Als das Frühjahr kam, hatte sich der letzte Rest von Mutters Erbteil verflüchtigt, und die schöne Summe der Hannitante war auch schon etwas zusammengeschmolzen – obwohl sich Adi nur noch selten ein Stück Mohnstrudel geleistet hatte. Freilich: Auf die Wagner-Opern *konnte* er nicht verzichten!

Wovon würde er im nächsten Jahr leben? Er konnte nicht noch einmal zur Hannitante gehen. Und eine zweite Hannitante gab's nicht.

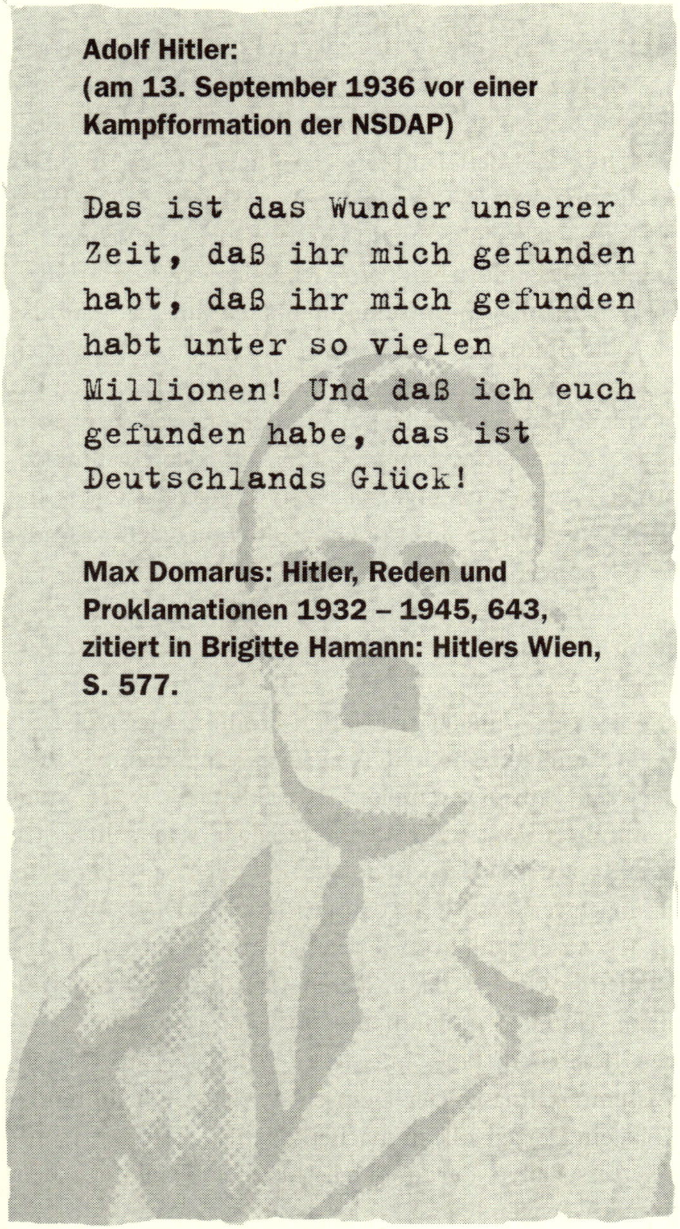

Adolf Hitler:
(am 13. September 1936 vor einer Kampfformation der NSDAP)

Das ist das Wunder unserer Zeit, daß ihr mich gefunden habt, daß ihr mich gefunden habt unter so vielen Millionen! Und daß ich euch gefunden habe, das ist Deutschlands Glück!

Max Domarus: Hitler, Reden und Proklamationen 1932 – 1945, 643, zitiert in Brigitte Hamann: Hitlers Wien, S. 577.

In der ganzen Stadt hatte Adi die Zigarrenläden abgesucht, um frühere Ausgaben der OSTARA-Hefte aufzutreiben. Aber nur zwei Exemplare hatte er entdeckt. Trotz seines eisernen Sparprogramms hatte er sie erstanden. Und um das Heft kaufen zu können, das als nächstes erscheinen würde, musste er eben seinen Milch- und Brotkonsum noch mehr einschränken.

Ein gewisser Jörg Lanz von Liebenfels gab die OSTARA-Hefte heraus. Von ihm stammten auch die Texte. Adi las die Hefte immer wieder, meistens im Bett. Er kannte sich in Lanz' Philosophie bereits sehr genau aus: Da waren die blonden, blauäugigen Heldinge oder Asinge, hochwertiges Rassenmaterial. Ihnen standen die kleinen dunklen, minderwertigen Äfflinge oder Schrättlinge gegenüber, die auf nichts anderes aus waren, als die Edelrasse wertmindernd zu schwächen, indem sich die überaus potenten Schrättlingsmänner bei jeder sich bietenden Gelegenheit an die blonden Heldingsfrauen heranmachten und sie entehrten.

Aus dem zuletzt gekauften Heft hatte Adi mit Erleichterung erfahren, dass es sogar jemandem wie ihm, der kein Musterexemplar der Edelrasse war, unter bestimmten Voraussetzungen möglich sein sollte, sich dem Kreis der Starken, Schönen und Edlen, also der Elite, als gleichwertiges Mitglied anzuschließen. Diese Aussicht, zu den Auserwählten zu gehören, regte Adi ungemein an.

Hier die Guten – da die Bösen. Und die Bösen waren an allem schuld, auch daran, dass man ihn verkannte. Ja, einer rassischen Elite müsste es gelingen, aus diesem Rassenmischmasch der Deutschen wieder ein führendes Volk, ein Herrenvolk zu machen! Natürlich durch rigoroses Ausschalten der dunklen, haarigen, halbtierischen, minderwertigen Rasse.

Lanz gab hierzu viele Anregungen, die Adis Fantasie anfeuerten: Da war von der Zuchtauswahl der Erbanlagen, Deportation der Minderwertigen in den Dschungel, Sterilisierung, Kastration und Ausrottung durch Zwangsarbeit die Rede.

Die Theorien von Lanz waren so einfach und einleuchtend! Da stimmte alles. Minderwertiges Rassenmaterial sei zum Beispiel auch schuld daran, dass es Irre und Trottel gebe. Würde man Familien ausrotten, die erbkrank seien, könnte der Staat eine Menge Geld sparen. War das nicht ein bestechend klarer, konsequenter und überzeugender Gedanke?

Adi versuchte, in den Wiener Büchereien Näheres über Lanz von Liebenfels zu erfahren. Aber dort schien er kein willkommener Gast mehr zu sein. Dauernd musste er sich am Hals kratzen, weil ihm die Wanzenstiche zu schaffen machten. Er merkte, dass andere Lesesaalbenutzer von ihm wegrückten und sich einen entfernteren Platz suchten. Roch er etwa schon? In die Staatsbibliothek ließen sie ihn eines Tages gar nicht mehr hinein.

Adi brauchte lange, bis er diesen Schock verdaut hatte. Er hatte doch immer so viel Wert auf Sauberkeit gelegt!

Immerhin – er wusste inzwischen einiges über Lanz, den Amateurphilosophen, hatte doch auch im »ALLDEUTSCHEN TAGBLATT« ab und zu etwas von oder über ihn gestanden. Lanz war 15 Jahre älter als er, stammte aus dem Wiener Vorort Penzing, hatte sechs Jahre lang im Stift Heiligenkreuz als Mönch gelebt, sich dann aber von der Kirche abgewandt, und war nicht von Adel. Der Zusatz »von Liebenfels« war sein Künstlername.

Adi wünschte sich immer dringender, diesen Mann kennen zu lernen, mit ihm zu sprechen, ihn zu erleben. Er bekam heraus, dass sich Lanz' Verlag in Rodaun befand.

Also im Südwesen von Wien, gar nicht weit entfernt, im 23. Bezirk. Eines Morgens machte er sich auf den Weg. Er hielt es nicht einmal für nötig, sich vorher anzumelden oder sich wenigstens zu vergewissern, dass Lanz daheim war. Er war sich seiner Sache sicher.

Adi wanderte zu Fuß aus der Felberstraße nach Radaun. So konnte er die Straßenbahnfahrt sparen. Darüber, wie er wieder heimkam, machte er sich keine Gedanken. Hauptsache, er begegnete Lanz persönlich. Alles Weitere würde sich von selbst ergeben.

Verschwitzt und staubig kam er an und hatte Glück: Lanz hielt sich gerade in den Räumen seines Verlags auf. Und er empfing Adi sogar. Ein hagerer Typ, der Distanz betonte. Er trug Reithosen und Ledergamaschen.

Adi stellte sich vor. Er wusste, dass er mit seiner abgetragenen Kleidung keinen gepflegten Eindruck mehr machte. Aber er wusste auch, dass seine Art zu sprechen beeindrucken konnte. Das hatte er schon oft beobachten können, nicht nur in Gesprächen mit Gustl. Auch seine früheren Mitschüler hatten sein Rednertalent bewundert. Nur seine Verwandten zeigten sich dagegen immun. Die Paula. Die Angela. Dieser Leo Raubal. Kein Wunder bei deren geistiger Anspruchslosigkeit!

»Was verschafft mir die Ehre?«, fragte Lanz kühl.

»Ich bin Leser Ihrer OSTARA-Hefte«, erklärte Adi. »Ich bin sehr beeindruckt von ihnen. Das heißt, von Ihrer Theorie.«

»So«, sagte Lanz. »Das freut mich.«

Adi hatte die unangenehme Empfindung, dass sich Lanz nicht nur geschmeichelt fühlte, sondern sich auch über ihn amüsierte. Das veranlasste ihn, ernüchtert, einen sachlichen Ton anzuschlagen: »Ich möchte sie noch genauer durcharbeiten. Aber im Zigarrenladen beim Westbahnhof gibt es die früheren Ausgaben nicht mehr. Und auch in anderen Läden –«

»Beim Westbahnhof?«, unterbrach ihn Lanz. »Das ist einer der Läden mit dem besten Absatz. Eine dankbare Ecke.«

»Aber die früheren Hefte«, sagte Adi. »Um *die* geht es mir. Ich bin erst in diesem Frühjahr auf Ihre Zeitschrift gestoßen. Haben Sie noch Restexemplare von Ausgaben aus den vergangenen Jahren?«

Lanz nickte. »Da gibt's noch ein paar Stapel …«

Adis Gesicht hellte sich auf. »Wirklich? Ihre Theorien bedeuten mir nämlich sehr viel!«

Lanz verschwand und kam mit acht Heften wieder. Adi strahlte.

»Aber können Sie die denn auch bezahlen?«, fragte Lanz. »Achtzig Heller das Stück – macht sechs Kronen vierzig.«

Adi ließ die schon ausgestreckte Hand wieder sinken. Aber dann begann er zu reden. Er sprach über den notwendigen Sieg der Hellen, Guten über die Untermenschen, die Minderwertigen, die die Völker heimlich unterwanderten.

Nun geriet auch Lanz in Fahrt. Es entspann sich ein lebhaftes Gespräch.

»Ja«, sagte Lanz und unterstrich seine Ausführungen mit lebhaften Gesten, »hier in unserem Land, vor allem in Wien, gewinnen die Schrättlinge auch an Boden, breiten sich aus, verseuchen alles –«

»– mischen sich in alle Schichten –«

»– sind auf den Untergang der Monarchie aus.«

»Auch auf den Untergang des Deutschen Reiches!«, eiferte Adi. »Des Deutschtums überhaupt!«

»Aber die Schar derer, die den minderwertigen Eindringlingen vom Balkan, aus Galizien, aus Böhmen das Handwerk legen wollen«, antwortete Lanz würdevoll, »mehrt sich von Tag zu Tag.«

»Sie wird bald in Aktion treten!«

»Es haben schon große Bewusstseinsveränderungen in unserer Gesellschaft stattgefunden«, dozierte Lanz. »Nicht ohne meine Hilfestellung, wie Ihnen ja bekannt ist ...«

»Gemeinsam müssen wir zur Tat schreiten«, rief Adi und gestikulierte wild mit leuchtenden Augen. »Die Gemeinschaft aller Deutschen, aller Guten und Edlen, muss einen Schutzwall zwischen sich und den Minderwertigen aufrichten! Muss alle Kräfte aufbieten, um ihr Blut, das Blut des deutschen Volkes ...«

Adi verlor den Faden, denn Lanz ergriff seine Hand und schüttelte sie.

»Wieder ein Jünger mehr«, sagte er zufrieden. Dann verschwand er noch einmal in den Räumen im Hintergrund und kam mit zwei weiteren OSTARA-Heften zurück. Auf dem einen hob ein zähnefletschender Affenmensch einen Felsbrocken.

»Die hab ich noch aus meinem Bestand gekramt«, sagte er und reichte sie Adi.

Der schüttelte traurig den Kopf.

»Nun«, sagte Lanz, »ich gebe zu, es geht mir nicht gerade schlecht. Die OSTARA läuft glänzend. Auflage hunderttausend Exemplare! Nehmen Sie die zehn Hefte als Geschenk an, mein Lieber!«

Adi dankte ihm Auge in Auge.

»Und wie kommen Sie jetzt heim nach Wien?«, fragte Lanz. »Haben Sie genug Geld für eine Fahrkarte?«

Adi musste den Kopf schütteln. »Leuten wie mir wird in Wien keine Chance gegeben«, seufzte er. »Mein Schicksal ähnelt dem von Richard Wagner. Auch er wurde von der Gesellschaft abgelehnt, weil er nicht in deren Ordnung passte. Auch er war einsam und arm, hatte keine Freunde –«

»– nur anfangs, mein Lieber, während der ersten Jahre«, wandte Lanz ein. »Aber dann riss sich die Gesellschaft um ihn und seine Werke! So wird es vielleicht auch Ihnen gehen. Sie müssen nur ausharren und abwarten, bis die Zeit reif für Sie und unsere Gedanken ist!«

Adi glühte vor Erregung. »Ja«, rief er wie im Rausch, »ich warte gläubig, auch wenn ich verkannt werde. Ich glaube unerschütterlich an mich selbst und halte mich bereit für den Ruf!«

Beim Abschied gab ihm Lanz zwei Kronen für die Rückfahrt. Das war viel mehr, als die Fahrt kostete. Unterweg konnte sich Adi endlich wieder einmal einen Mohnstrudel leisten. Aber er fühlte sich gar nicht dazu in der Lage, ihn richtig zu genießen, denn in seinen Gedanken war er noch ganz bei der Begegnung mit Lanz.

Wie in Trance kam Adi in der Felberstraße an. Sein Zimmer verließ er zwei Tage lang nicht. So lange brauchte er, um die zehn OSTARA-Hefte auszulesen.

Adis kärglicher Besitz schmolz immer mehr zusammen. Schweren Herzens begann er damit, seine Bücher nach und nach ins Pfandhaus zu tragen, ins Dorotheum. Von jedem einzelnen trennte er sich mit Schmerzen. Er bekam für sie nur lächerliche Summen. Die Bücher waren ja alt. Was ihm ihr Inhalt bedeutete, kümmerte niemanden.

Auch seine Zeichnungen gab er weg. Was er für sie erhielt, war nicht der Rede wert. Auf seinen Hut, auf den er bisher so stolz gewesen war, verzichtete er ebenfalls.

Schließlich musste er auch die Opernbesuche aufgeben. So, wie er jetzt aussah, konnte er sich dort nicht mehr sehen lassen. Er durfte gar nicht daran denken! Die Lage ließ sich nur ertragen, indem er aus der Wirklichkeit in seine Gedankenwelt floh. Dort bekam er alles, was ihm hier vorenthalten wurde. Dort war er groß und mächtig, und es mangelte ihm an nichts.

Manchmal blieb er vor Baustellen stehen und sah den Arbeitern zu. Er hörte zu, wie sie und worüber sie sprachen. Über den Alltag. In groben Worten. Hier arbeiten? Das konnte er sich nicht vorstellen. Eine fremde, abstoßende Welt. Lieber hungerte er.

Der Sommer machte alles ein bisschen erträglicher. Adi brauchte nicht ins Bett zu kriechen, wenn er sich wärmen wollte, und es kam nicht darauf an, ob seine Schuhe wasserdicht waren oder nicht. Die Sonne hellte die Trostlosigkeit seiner Lage etwas auf. Aber schon jetzt konnte Adi absehen, dass er das Zimmer nur noch bis zum August würde halten können. Es war zu teuer für ihn.

Er spielte mit der Möglichkeit, es mit jemandem zu teilen. Vielleicht mit einem älteren Schüler? Einem armen Studenten? Aber ihm grauste vor den Konflikten, die dann zwischen ihm und dem anderen entstünden. Der andere würde kein Gustl sein, sondern sicher einer, der Ansprüche an ihn, Adi, stellte. Sich vorzustellen, ständig einen anderen im Zimmer zu haben, auf den man sich einstellen musste und der Rücksicht forderte? Der es sich vielleicht verbat, dass Adi stundenlang hin und her wanderte? Der an keinerlei Gesprächen interessiert war oder nur allein reden wollte?

Unerträglich. Nein, dann lieber allein in einem elenderen Zimmer, einem verwanzten, halbdunklen Kabinett, das nur halb so teuer war.

Am 22. August 1909 musste Adi das Zimmer in der Felberstraße aufgeben. Er zog in eine elende, schmutzige, düstere Kammer in der Sechshauserstraße 58, Tür 21. Die Miete kostete hier sogar weniger als die Hälfte. Auf dem Meldezettel trug er in die Rubrik Beruf »Schriftsteller« ein.

Der Umzug ging schnell vonstatten. Adi besaß nur noch einen einzigen Koffer, und der war halb leer. Unter der wenigen Habe, die ihm noch gehörte, waren die OSTARA-Hefte, seine Karl-May-Bücher und das Medaillon seiner Mutter.

Als Nächstes würde er sich wohl von den Karl-May-Büchern trennen müssen.

Einmal stand er in der Schlange vor einer der Armenküchen, die an Minderbemittelte Suppe ausgaben. Da kam zufällig eine junge Verwandte der Zakreys vorüber und entdeckte ihn.

»Mein Gott«, rief sie erschrocken aus und schlug die Hände zusammen, »sind Sie's wirklich? Ich hätte Sie fast nicht wieder erkannt! Wie kommen Sie denn hierher? Und wie sehen Sie aus? Sie waren doch immer wie aus dem Ei gepellt gewesen! So schnell kann's bergab gehen, Jesus Maria!«

Ja, von den Obdachlosen, die mit ihm in der Schlange standen, unterschied er sich kaum mehr. Das Haar hing ihm über den Kragen, der Oberlippenbart, inzwischen schon voller, war ungepflegt, der Anzug fadenscheinig, verblichen und zerknittert, sein Dandy-Stöckchen hatte er längst versetzt. Die Schuhe, deren Oberleder sich an manchen Stellen von der Sohle löste, waren schon lange nicht mehr eingecremt worden.

In der Sechshauserstraße machten die Wanzenheere die Nächte unerträglich. Aber auch ohne die Wanzenplage hätte Adi hier nach drei Wochen wieder ausziehen müssen: Das Geld ging ihm aus. Am Nachmittag des 16.

September verschwand er heimlich, ohne die Miete zu bezahlen. Er drehte sich nicht einmal mehr um, als er mit dem Koffer in der Hand auf die Straße trat. Er ließ ja nichts zurück, was eine Erinnerung wert gewesen wäre.

Es war ein schöner, blaugoldener, noch recht warmer Tag. Adi schlenderte ziellos durch die Stadt. Es zog ihn auf die Ringstraße, die ihm so lieb war. Er hatte Zeit. Unendlich viel Zeit.

Gegen Abend wurde es empfindlich kühl. Zum Glück hatte er seinen warmen Wintermantel noch nicht verpfändet. Er wanderte in die nächstbeste Anlage und suchte sich eine Bank aus, zwischen Gebüsch, geschützt vor Blicken. Er setzte sich und versank in Gedanken.

Als die Sonne hinter der Häusersilhouette verschwand und die Dämmerung einbrach, tauchte ein alter Landstreicher zwischen den Bäumen auf, kam langsam näher und blieb vor Adi stehen.

»Lieber junger Freund«, sagte er, »gedenken Sie, noch lange den Abend auf dieser Bank zu genießen?«

Er ließ sich neben Adi nieder. Der rückte ein Stück ab, denn der Alte stank.

»Die ganze Nacht«, sagte er feindselig.

Der Landstreicher grinste. »Nur nicht so vornehm, mein Sohn. Sie fangen auch schon an zu riechen.« Er zeigte auf die Bank: »Das ist eigentlich meine. Aber bleiben Sie nur. Ich nehme die dort drüben. Die ist auch nicht übel.«

Es entspann sich ein kurzes Gespräch. Adi hörte heraus, dass der Alte früher etwas Besseres gewesen sein musste. Da zog er aus seiner Manteltasche einen Briefumschlag mit Fotografien heraus und zeigte dem Alten ein Bild, das einen fülligen, schnurrbärtigen Mann in Paradeuniform zeigte.

»Mein Herr Vater«, sagte er stolz. »Als er als Zoll-Oberamtsoffizial in Pension gegangen ist.«

Der Alte schnalzte anerkennend mit der Zunge. »Da schau her! Respekt, Respekt.« Adi hob sein Kinn. Seine Augen glänzten.

»Ich hab's auch mal weit gebracht«, seufzte der Alte. »Ist aber schon lange her. Hauptmann bei der Kavallerie. Ein fescher Kerl war ich. Aber die Weiber, die Weiber. Die haben mich fertig gemacht. Und dazu noch der Alkohol. Ich hab nicht mal mehr ein Bild von damals, was ich vorzeigen könnte. Alles gestohlen, im Obdachlosenasyl, unterm Kopf weg im Schlaf.«

Adi fiel nichts ein, was sich dazu sagen ließ. Ja, man erzählte sich schlimme Sachen von den Asylen. Früher oder später würde er selbst ja auch …

Bald. Wenn es Winter wurde.

»Es ist gut«, hörte er den Landstreicher sagen, »wenn man etwas hat, woran man sich mit Stolz erinnern kann.«

Adi hob den Kopf und starrte ins Weite. Nein, für ihn gab es nichts zu erinnern. Er dachte mit Stolz an die Zukunft. Tief atmete er die kühle Abendluft ein.

Sobald der Landstreicher irgendwo hinter dem Gebüsch verschwunden war und die Geräusche seiner Schritte auf dem Kies verstummten, knöpfte sich Adi den Mantel zu, legte sich auf die Bank, schob sich den Koffer unter den Kopf, rollte sich wie ein Embryo zusammen und versuchte zu schlafen.

Ihm wurde kalt.

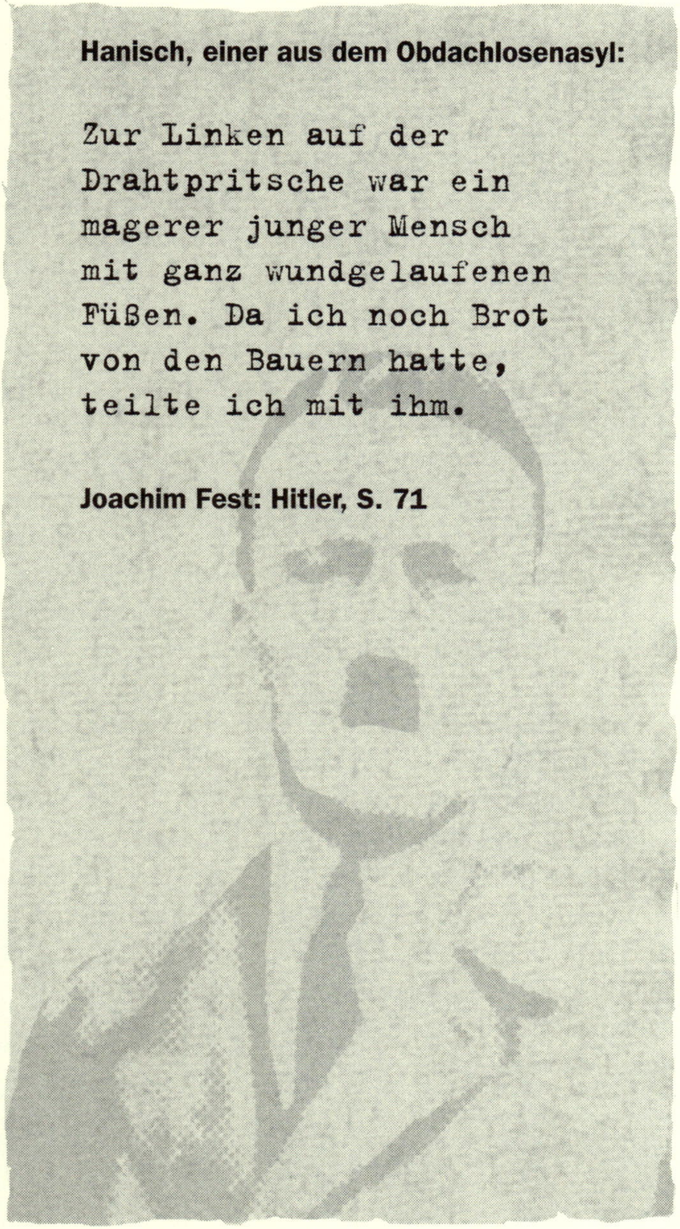

Hanisch, einer aus dem Obdachlosenasyl:

Zur Linken auf der Drahtpritsche war ein magerer junger Mensch mit ganz wundgelaufenen Füßen. Da ich noch Brot von den Bauern hatte, teilte ich mit ihm.

Joachim Fest: Hitler, S. 71

Nachwort

Wenn man an Adolf Hitler denkt, sieht man den Mann mittleren Alters vor sich, den Agitator, den Diktator, den »Führer«. Aber auch dieser Mann war einmal jung.

Der Österreicher Franz Jetzinger ging in den Jahren nach dem Zeiten Weltkrieg den Spuren des jungen Adolf nach und schrieb ein Buch, in dem er die Resultate seiner Nachforschungen präsentierte. Dieses Buch geriet mir vor einiger Zeit in die Hände. Als ich mich, höchst interessiert, darin festlas, begegnete ich dem Satz: »Den Führer Hitler kennt nur, wer den jungen Hitler kennt.«

Diese Behauptung machte mich nachdenklich – und neugierig. Ich begann zu recherchieren, beschaffte mir also Bücher, die sich mit Hitlers Leben befassen. Bald wurde mir klar: Eine große Anzahl von Historikern verschiedener Nationen beschäftigten sich mit Hitlers Erwachsenendasein. Aber nur ganz wenige widmeten sich seiner Jugend.

Unter diesen Wenigen gibt es große Meinungsverschiedenheiten. Der Grund dafür mag sein, dass es von diesem frühen Lebensabschnitt Hitlers nur spärliche Spuren gibt, die teilweise verschieden ausdeutbar sind.

Meine eigene Jugend fiel genau in die Jahre der Nazizeit. Damals präsentierte man uns ein geschöntes Bild vom jungen Hitler. Ein Idealbild. Das wurde mir jetzt beim Recherchieren so deutlich. Und mit dieser Erkenntnis kam mir die Idee, den heutigen jungen Menschen den jungen Adi zu zeigen.

Selten ging ich mit solchem Eifer an die Ausführung eines spontanen Einfalls. Hier ist das Resultat. Ich habe versucht, Adi – so nannten ihn seine Verwandten und seine Freunde – von seinem 16. bis zu seinem 19. Lebensjahr zu schildern. Als den Jugendlichen, der er einmal war, einen Jugendlichen mit Ecken und Kanten, mit anrührenden und weniger sympathischen Eigenschaften, einen Menschen, der zwar einige eigenartige Charakterzüge aufwies, aber insgesamt nicht aus dem Rahmen fiel.

Bei der Beschreibung dieser Jugend habe ich mich bemüht, dicht an den Fakten zu bleiben, an der historischen Wahrheit. Das war gar nicht so einfach. Denn es gibt, wie gesagt, nicht viele Dokumente und Zeugenaussagen, die seine Jugend betreffen – außer dem Buch »Adolf Hitler, mein Jugendfreund« von August Kubizek, das sich aber auch nur auf eine relativ kurze Zeit bezieht und manches verzeichnet oder färbt. Was Hitler in seinem Buch »Mein Kampf« aus seiner Jugendzeit erzählte, ist ebenfalls recht mager und entspricht durchaus nicht immer der Wahrheit. Denn er zeichnete sich so, wie er gesehen werden wollte. Und obwohl unzählige Fotos existieren, auf denen der Politiker Hitler zu sehen ist, gibt es doch kein einziges vom Jugendlichen Adi.

Ich dachte mich in dieses Leben hinein und ergänzte mit meiner Fantasie nur, was mir die historischen Tatsachen vorgaben. Dabei geriet ich immer mehr ins Staunen. Auch die Leser meines Buches werden – so vermute ich – ins Staunen geraten: darüber, dass sich die Mehrheit eines ganzen Volkes diesen Menschen zum Führer wählte, sich mit seinen Programmen identifizierte und zuließ, dass er es in Schuld und Verderben führte und fast ganz Europa, ja großen Teilen der Welt Unheil brachte.

Gudrun Pausewang

Benutzte Literatur:

Borowsky, Peter: Adolf Hitler. Cecilie Dressler Verlag, Hamburg 1978
Fest, Joachim C.: Hitler. Ullstein Verlag, Frankfurt/M. 1973
Hamann, Brigitte: Hitlers Wien. Lehrjahre eines Diktators. Piper Verlag, München 1996
Hitler, Adolf: Mein Kampf. Zentralverlag der NSDAP, Frz. Eher, Nachf., München 291./295. Aufl. 1938
Jetzinger, Franz: Hitlers Jugend. Phantasien, Lügen – und die Wahrheit. Europa-Verlag, Wien 1956
Jochmann, Werner (Hrsg.): Adolf Hitler, Monologe im Führerhauptquartier 1941 – 1944. Albrecht Knaus Verlag, Hamburg 1980
Jones, Jon Sidney: Hitlers Weg begann in Wien 1907 – 1913. Limes Verlag Niedermayer und Schlüter GmbH, Wiesbaden und München 1980
Kubizek, August: Adolf Hitler, mein Jugendfreund. Leopold Stocker Verlag Graz und Stuttgart 1953

Bildnachweis:

Seite 2: Bayerische Staatsbibliothek München